東京大学
名誉教授
佐藤俊夫著

倫理学

〔新版〕

東京大学出版会

まえがき

この書の旧版は、八年前に初刷を世におくってから、今年までに十五刷を重ねている。未熟の書がこのように多くの読者をもつことができたのは、著者としてまことに望外のよろこびである。しかし、若年の著者がじゅうぶんの用意のないままにまとめあげた旧版には、著者自身がだれよりもよく知っている欠陥がいくつもあって、よほど以前から改訂の機会をえたいと思っていた。ようやくその機会をえて、旧版の全部にわたって手を加え、ことに後半の数章については、まったく新しく書きなおしたのがこの新版である。分量も全体としていくらかふえたことになった。

この書はもともと、大学前期の一般教育科目のひとつである倫理学のために、そのテキストのつもりで書かれたものであるが、かならずしも大学でのテキストとしてばかりでなく、ひろく一般のかたがたにも教養の資として読んでいただけたようである。この新版についても、著者のねらいは旧版のばあいとすこしも変わっていない。著者はこの書で、専門的な倫理学の議論をふりまわす気はまったくない。著者の願いは、倫理とはどういう事柄なのか、倫理学とはどういう学問なのかについて、読者におおよその見当をつけていただけば足りるのである。

ただひとつ、このごろ道徳教育とか職場倫理とか、倫理をめぐる問題がにわかに世間の話題となったについて、いつもくりかえし思うのであるが、どうも世間では倫理とか道徳とかいうと、ことさら特別扱いしすぎるようである。倫理学についても、まさに倫理学というその名前のゆえに、のぞきもしないさきから敬遠されるような傾向がある。著者としては、この書を読んでいただいて、倫理学とはなかなか面白いものだとすこしでも見直してくださるなら、これ以上の幸いはないのである。

この書はみられるように、前半は倫理学の諸問題を歴史的にたどり、後半はこのわれわれ自身の今日に生きる倫理を構造的にたどるという仕組みになっている。著者としては、この前半と後半とが表裏一体に呼応しあうことをなによりも願ったのであり、両者を一貫した流れのうちにおさえることが、この新版でのもっとも大きな改訂点であった。著者はつねづね、倫理はこのわれわれ自身のありかたにほかならず、それをおいて倫理学などはありえないと考えているからである。

倫理が万人にとっていやおうない関心事である今日、このささやかな書が、いささかでもその関心を深めるよすがになることを念願する。

一九六〇年　晩秋

著　者

目次

第一章　倫理学への招待

現代の倫理的状況　西洋史の古代末期――ヘレニズム時代は思想史のうえでしばしば「倫理的なる時代」とよばれることがある。それと同じ意味において、またはよりすぐれた意味においで、われわれが現に息づいているこのまこと不可思議な二十世紀を、われわれはあえて「倫理的なる時代」とよんでみたい。

ヘレニズム時代を倫理的とよぶことすらが、ある意味ではすでに逆説的である。それは美しかった古典ギリシアの憂欝なたそがれであった。不安と苦悩の、転じては奢侈と淫佚の、そして帰するところは無常と虚無のこの時代は、むしろ反倫理的とこそよぶべきかと思われる。にもかかわらず、なにゆえに倫理的とよばれるのであるか。一言にしていうなら、倫理は欠如態においてかえっていっそうあらわになるということである。倫理は人間にとってあまりにも身近なものである。それだけに、あたかも空気や日光のようなもので、それがいちおうまともなかぎりは、とりたててこれを考えてみようともせぬ。倫理への関心がたかまるのは、倫理が荒廃し混乱し危機にひんするとき――むしろ反倫理的なるときである。

二

現代を「倫理的なる時代」とよぼうとするのも、まったく同じ理由からである。いな、事情はより深刻であり、より広汎である。現代にあって、倫理は世界のすべての人の否応ない関心事であるといってよかろう。倫理はもはや、専門の倫理学者にまかせてすむことがらではなくなっている。倫理学書の片隅で埃にうもれながら、いつか人々が関心を示してくれるのを待っているような、そのような古めかしい倫理は現代ではもはや通用しない。現代の倫理は、もっと生々しい、もっと荒々しいものだ。すべての人をそこに投げこみ、もみくちゃにし、うかうかすると圧しつぶしてしまう壮大な現実のるつぼ――この現実のわれわれ人間のありかた、それがとりもなおさず現代の倫理なのである。

だから現代にあっては、「倫理」とは端的に「人間のありかた」の意味である。端的にというのは、いかなる限定も修飾もともなわずに、およそ人間のありかたがそのままに倫理といえるということである。ところでこのことは、じつは「倫理」ということばのもともとの意味をあらわにしたにすぎない。すぐ後でふれるように、「倫理」はもともと「人間のありかた」の意味にほかならない。それがこれまではずっと、「倫理」というとつい敬遠したくなるような、何かもったいらしい語感とともに用いられることが多かった。倫理はこれまでは、人間のありかたのいわば特殊なる一小部分であった。だから倫理をよけて通っても、人間として生きることはじゅうぶんに可能であったし、むしろ倫理などにこだわらない生活の方が、よりほんとうの人間らしい生活とまで考えられた。

そのようなことは現代にあってはもはや許されない。この「倫理的なる時代」においては、「倫理」とは「現実」の別名である。「倫理」を回避し敬遠することは「人間のありかた」をやめることであって、それは文字どおりの自殺にほかならない。

倫理と倫理学　われわれはこのような状況のもとで倫理学を学ぼうとしている。そこで、倫理学とはどういう学問であるかをはじめにはっきりとおさえておきたいのであるが、これがなかなかすらりとゆかない厄介なことである。

それにはおよそ二つの理由があるようで、まず第一には、たいていの人が、倫理とか道徳とかをひどく窮屈なものに考えている。なにかというとすぐ「こうせよ、ああせよ」「こうしちゃならん、ああしちゃならん」と堅苦しいことばかりいうのが、それが倫理であり道徳であるとはじめからきめこんでいる。そういう堅苦しいことを吟味したり整理したりするのが倫理学というものだろうと、はじめからきめてかかられるわけで、倫理学にとってはまことに迷惑な先入見というべきだが、しかし無理もないともいわねばならぬのかもしれない。

倫理・道徳というような言葉は、十中八九そのような特殊な意味で使われることが多いからである。たとえば、「なにしろあの人は道徳家ですからなァ」というようないいかたをする。

「道徳的」であるというのは、表面はたしかにそのひとのきびしい人格やさわやかな理性などをほめているにちがいないが、しかし裏をかえせば、あたたかい人情やゆたかな感性を欠いていること、つまり「人間的」でないことをけなしているのである。「道徳的」な人はたしかに立派なのだが、ふだんのつきあいには気がつかえていけない。多少ずぼらなところはあっても、「人間的」な人のほうが、気がおけなくて面白くつきあえる。

人間臭をこえたところにはじめて道徳はなりたち、逆に、道徳など忘れたところにかえって人間味が生きる——というこの考えかたは、道徳と人間とを別々にみるというこの考えかたは、たしかにどうも奇妙なものである。このように片寄った用法は、日本語のばあいにとくにいちじるしいようで、「道徳」は西洋語でいえばまず「モラル」であろうが、「モラル」にはこれほどに奇妙なことはないといってよい。たとえば英語でモラル・サイエンスといえば、これはナチュラル・サイエンス（自然科学）にたいしての人文科学のことであって、「モラル」はまさに「人間」と密着している。そして、これがまた当然のことである。日本語のばあいの「道徳」と「人間」との奇妙な分裂は、日本人が道徳というものをことさら特別扱いにして、ふだんの自分とはほとんどかかわりのない、むしろどちらかといえばかかわりをもちたくない他人事のように考えているからのことといえる。

「道徳」「倫理」というような言葉を、そう窮屈に受け取らないでいただきたい。これがまず第一にいいたいことである。いったいに、平凡でありふれた言葉ほど、あらためてその意味を問おうとすると難しいものだ。ありふれた言葉は多勢の人の手垢にまみれて、地色がまるでわからなくなっている。そういうとき、手垢を思いきりこそぎおとして、その言葉の生まれたままの丸裸かにしてみるのもひとつの方法だ。つまり、その言葉のあれやこれやの派生し分化した意味のいちいちにこだわらずに、その言葉ができたときの、そのもっとも単純な原義にまでひき返してみるのだ。いい加減こじれてしまったといえる「倫理」「道徳」などについても、このような原義への還元がぜひ必要であると思われる。

その先例をひらいたのが日本では和辻哲郎博士で、博士はふつう不用意に使われることの多い「倫理」「人間」「存在」というような言葉を、同様の意味の西洋の言葉と対照しながら、その原義に還元して念入りに解釈することから出発して、倫理学を「人間存在の学」というたいへん濶達な領域にまで拡張した。博士によれば、倫理とは文字どおり「倫」の「理」である。「倫」はこんにちでは倫理・人倫というようないかめしい意味にもっぱら用いられているけれども、もともとは「精力絶倫」などというときの倫なのである。精力絶倫というのは、いうまでもないことながら、その精力がいわゆる倫理的なものを超越している、つまり、不道徳なほど精力がある、などという意味ではなく、その精力がまわりの仲間・人間・世間なみでなく強いというだけのことだ。「倫」はもともと仲間・人間・世間というほどの意味なのである。「理」

もこんにちでは理法・道理というようにむつかしく使うことが多いけれども、もともとは文字の示すように玉の筋目・模様のことであり、それが転じてたとえば肌理(きめ)というように一般に物の様子・模様をさすようになり、さらに抽象的にものごとの筋道・道理をいうにいたったまでのことである。とすれば、「倫」の「理」である「倫理」とは、もともとは人間模様とか世間風景とでもいうべき、いたって弾力のある意味であったということができる。

ところで第二に、「倫理」という言葉をこのように広く解することになると、「倫理」を扱う「倫理学」もいきおいその範囲がまことに広くなるわけだが、これはこれでまた厄介なことになる。だいたい倫理学という学問は、西洋のばあいここ百年ほどの間に、その領域がすこぶる広くなっている。これは、倫理学がそれまでの狭い殻をつきやぶったからのことで、まさに倫理学の進歩を示すにほかならないのだが、しかしたとえば試みに、最近でている倫理学講座のたぐいをパラパラとめくって、項目だけでも見当をつけようとしてみるがよい。そこにはおそらく、およそ人間と世間に関する問題であるかぎり、古今東西にわたってありとあらゆる問題がならんでいるにちがいない。これらがすべて倫理学の問題であるとすれば、倫理学はまことに途方もなく尨大な学問といわなければならない。事実またそうなのであって、こんにちの倫理学は、ひとりの学者で、その全領域をくまなく究めつくすことなど、とてもできない。もっとも、これは倫理学にかぎったことではなく、あらゆる学問がそのようになってきているといえるかもしれないが、倫理学はことにそうだと思うのである。倫理学はごく近ごろまでは哲学の一部、つまり道徳哲学として扱われてきた。しかし、こんにちでは、倫理学すなわち道徳哲学、または倫理学者すなわち道徳哲学者というだけではかたづかない。

第一には、たいていの人が倫理というものを重苦しく、狭苦しく解していること。にもかかわらず第二には、最近の倫理学では、倫理という範囲がすこぶる広汎になっていること。この二つのいわば相矛盾する理由がからみあって、倫理とは何か、倫理学とは何かということが、すらりと答えにくい厄介なことになっているのだ。しかし、これから倫理学の門をたたこうとするわれわれとしては、世俗の先入見をかなぐり捨て、人間模様・世間風景というべき広々とした「倫理」をまず予想しようではないか。

倫理の構造　倫理・道徳・人倫などがもっともふつうに使われる言葉であろうが、このほかにも人道・徳義・義理・道理・仁義・礼儀・礼法・風儀などなど、似寄りの言葉はいくらでもある。しかもこれらの言葉は、ふつうにはあまりはっきりとした区別なしに使われることが多い。区別するにしたところで、「倫理」ではすこし固すぎるようだから「道徳」にしようとか、「道徳」ではあまり平凡だから「人倫」といいかえようといった程度の、その人その場の何とはない語感でいちおう使い分けているまでのことである。しかし、これらの言葉は倫理学にとってなんとしても基本概念なのであるから、いちおうの吟味を加えておく必要があろう。

われわれはここで「倫理」「道徳」「人倫」という三つの言葉をとりあげ、その区別を考えてみたいと思う。とくに三つだけを選んでみたのは、これら三つがもっともよく用いられる言葉だからというだけではなくて、西洋にもちょうどこれらとそれぞれ対応するように Ethik, Moral, Sittlichkeit (最後の言葉だけはドイツ語特有なのでドイツ語に統一) という三つの言葉があり、それらは西洋倫理学の根本概念となっているからである。さらに面白いことには、これら三つの言葉はこんにちの西洋各国語の三つの主なる語源、すなわちギリシア語・ラテン語・ゲルマン語にそれぞれ由来していることである。Ethik (倫理) はギリシア語の ēthos に、Moral (道徳) はラテン語の mores に、そして Sittlichkeit (人倫) はゲルマン語の site (Sitte) に由来している。ところで、元になっている ēthos, mores, site はすべて共通の意味、すなわち「習俗」というほどの意味の言葉である。ギリシア語の ēthos はもともとは鳥や獣の一定のすみか、またはその場所の一定の雰囲気を意味したというが、その意味がだんだんと変って、個人の「習性」と社会の「習俗」とをひとつにした言葉になった。この ēthos という言葉からまず ēthikē (習俗的・習性的・実践的) という形容詞ができ、さらにその ēthikē をふまえて ēthika (倫理学) という学名ができたという順序であった。ラテン語の mores から moralia (倫理学) がでてくる順序はこのギリシア語のばあいをそっくり模倣したのであるし、ゲルマン語の site から

Sittlichkeit がでてくるのもほとんど同じ順序といってよい。とすれば、Ethik, Moral, Sittlichkeit という三つの言葉は、その語源からいっても、またその意味が変化し拡充してきたしだいからいっても、べつだんに違ったことはなく、したがって相通じて用いていっこうにかまわないようなものの、そこにおのずからそれぞれ語感のズレがあるのも事実である。

同じようなことが日本語のばあいにもいえるのであって、倫理・道徳・人倫はもともとはほとんど同じ意味といってよい。すでにみたように、この点に非常にすぐれた解釈を試みた和辻哲郎博士によれば、これらの言葉の中核といえる「倫」という言葉は、もともとはなにも「人の道」などという窮屈な意味ではなく、仲間・人間・世間というほどの弾力ある意味なのである。「倫」の「理」である「倫理」は、くだいていえば「人の世のありさま」というだけのことで、べつにもったいぶった意味はないのである。「人倫」にしても、これは「人」の「倫」ということで、これまた「倫理」のばあいとほとんど同じことである。「道徳」だけが字面からしてすこし違うようだが、これまた「道」は「道理」という熟字のあることからもわかるように「理」に通ずるし、「徳」も窮屈に解さなければ「得」に通じて(江戸時代までは「徳」と「得」は相通じて用いられた。マッチの大箱などが「徳用品」とよばれるような例をみよ)つまりは「そのもののプラスの面」、「人間の人間らしい長所」というほどの意味と解してよく、とすれば「徳」はなによりもまず人間固有のことである社会の形成——つまり「倫」だといってよかろうから、

「道徳」はすなわち「倫理」だということになる。このようにみるとき、「倫理」「道徳」「人倫」という三つの言葉はすべて、その原義は「この世のありさま」「人としてのありよう」というほどのことで、区別なく用いてさしつかえないということになる。

このようにみてくると、ここで問題にした用語は、西洋語のばあいも日本語のばあいも、これといったほどの区別はもともとないのであり、区別なく用いてさしつかえないといえる。これらの用語の原義の最大公約数を求めれば「人間のありかた」「世間のありさま」というほどのことであろう。にもかかわらず、われわれは現にこれらの言葉を、あまりはっきりした区別とはいえないにしても、ともかく何となく区別して使っているのも事実である。とすれば、この区別はどこからくるか。答は簡単である。「人間のありかた」「世間のありさま」といったところで、そこにはさまざまな側面があるわけで、それらの区別に応じてこれらの言葉を使い分けているのだといえるであろう。

「人間のありかた」「世間のありさま」にさまざまな側面を区別する尺度はいろいろとあるであろうが、たとえば社会と個人との関係というような尺度をとってもよいであろう。まずわれわれは「倫理」という言葉を、「人間のありかた」「世間のありさま」のすべてをつつむもっとも広い意味に用いることにして——したがって、そのような「倫理」を探究する「倫理学」をも、われわれはいたって広い意味に解するのであるが——いわば倫理の構造というべきものを考えてみるとき、われわれはすくなくとも次のような契機を区別できるように思うのである。

その第一は習俗——風俗・慣習・しきたり・ならわしである。習俗とはけっきょく、ある特定の時代・社会の「型」といえそうであるが、ここではまだ社会対個人というような深刻な対立や矛盾はない。個人は、彼が属している時代・社会の習俗に従うことに、それがよほどの悪習でないかぎり、また彼がよほどの変人でないかぎり、これというほどの抵抗を感じない。人間は「習慣の動物」といわれ、またじっさいわれわれの日常生活の大部分は習慣的に営まれているといってよいが、ここで個人の習慣はじつは社会の習俗の投影といってよいので、われわれは多くのばあい、それと知らずに習俗のまにまに行動しているといってよい。はやいはなしが、朝おきて三度の食事をとり夜ねる……といった、ほとんど習慣的にくりかえしているわれわれの毎日にしても、じつは社会の習俗とともにそうしていることなのだ。この意味からして、習俗はまさしく生活の始点であり、倫理の基底であるということができる。われわれは「礼儀」「流行」という事柄をも、それらが習俗のそれぞれ古い「型」と新しい「型」であるという意味で（礼儀にあたる manner も、流行にあたる mode も、どちらも「型」の意味である）、習俗のなかに含ませて考えたい。

一言にしていうならば、習俗は適応の倫理とよんでもよい。ここで問われるのは、まずともかくも人間として生きることである。もったいらしく「人間のありかた」などとりきんだところで、まず、この毎日を生き抜いてゆくことが先決である。ところで、人間として生きるためには、ある程度まで社会に適応しなくてはならない。ある程度まで社会がそれと定めた礼儀を守り、社会がそれと定めた流行を追うのでなければ、われわれの人間としての生活は、さらにいえば人間としての生存すらも、一日といえども成り立たないであろう。これまでどうかすると習俗のことがらは、道徳以前というふうに安直にかたづけがちであったが、これはとんでもない誤まりというべきであろう。

ところで第二に、倫理は法律と道徳との分化および対立としてあらわれる。法律も道徳も、その萌芽はすでに習俗のなかにみられるのだが、それがはっきりと二つに分れてくるというのは、ひとつには社会の進歩とまたひとつには個人の自覚とが――この二つはいうまでもなくあい補いあう事柄であるが――前提とならなければならぬ。自覚した個人によって支えられた進歩した社会にあってはじめて、各人の勝手な行動を規整すべきはっきりと客観的なとりきめ、すなわち「法律」が必要なわけで、社会生活と直接にかかわらない人、たとえば幼児や世捨人にとって法律はほとんど何の意味ももたない。いうまでもないが、ここで「法律」とはいわゆる法律――国法だけをいうのではなく、学校の規則とか会社の規約とかをも含ませている。ではひるがえって、世捨人には「道徳」も要らぬかといえば、それはとんでもない話で、まさに人は「独りを慎しむ」ことをこそ努めなくてはならない。このようにみるとき、法律はまず社会あってこその法律であり、道徳はまず個人あってこその道徳ということができる。しかも、社会の進歩と個人の自覚とはふたつの別々のことがらではなく、進歩した社会にもまれてこそ真の意味での個人の自覚が育ち、逆に自覚した個人に支えられてこそ真の意味での社会の進歩が遂げられるのであるから、その意味からしても、法律と道徳とはふたつ別々ではなく、たがいに補いあう事柄である。だがしかし、法律があくまでも社会的・客観的・外面的であるのにたいして、道徳はちょうどその分だけ個人的・主観的・内面的であるということができる。

道徳と法律とのこのような関係を、われわれは対応の倫理としておさえてみようかと思う。個人と社会という複雑な問題は、道徳と法律とのこのような対応関係において、もっとも鋭角的な姿で露呈しているといえる。おしつめていえば、道徳は人格の信念として、法律は人権の約束としておさえることができようが、このばあい、人格といい人権といっても、それは「人間」という同じ盾の両面であることを忘れてはならない。ところで、すでにふれたことだが、倫理学はつい近ごろまで、まさにここでいう意味での道徳をこそもっぱら主題とする道徳哲学なのであった。

ところで第三に、倫理は人倫という形で、「道徳」と「法律」との対立を止揚しようとする。個人の道徳と社会の法律とがそれぞれの分野を守っているかぎりは、対立は深刻なものにならぬ。ところが、個人の自覚が深まさり社会の進歩がとめどなくなるにつれて、対立は危機にまで追いこまれる。現代の倫理的状況がまさにそうだといってよかろうが、人は「道徳」すなわち個我の信念を貫徹しようとすれば、あえて「法律」すなわち社会の約束を犯すを拒まず、逆にまた、社会の約束に忠実であろうとすれば、あえて個我の信念を捨てるを辞さない、というような場合にしばしば直面する。このような個人と社会との分裂・矛盾こそがまさしく現代人の苦悩といってよく、われわれの求めてやまぬものは、人間の個人的なありかた(道徳)と社会的なありかた(法律)との高次の調和である。そのようないわば理想の倫理を、われわれは「人倫」の名でよんでみようと思う。念のためにいうが、個人と社会とのたんなる調和というだけならば、「習俗」はまさしく個人と社会との素朴なる調和である。しかし、「人倫」の名でわれわれがこんにち求めているのは、そのような素朴なる調和に安直にひき返すことではなく、道は遠くとも、深刻に分裂している個人と社会とをふたたび高次の調和にもたらすべく、歩一歩ずつ前進することである。

　われわれはこの理想の倫理を、さきの適応の倫理・対応の倫理にたいして、あえて対決の倫理とよんでみたい。われわれはこのような理想の倫理が、明日にでも実現するかのように考えてはならない。「おたがいに人間だ」というようなことは、簡単に口にされる言葉であるけれども、世界のすべての人びとが「おたがいに人間だ」と心の底からいいあえる日がくるまでには、人種・民族・思想・階級・身分その他、対決すべき課題は山積している。それらを根気よくひとつひとつ解決したきわみに、ようやく文字どおりの意味でのヒューマニティの倫理が人類のすべてにやさしく微笑みかけることであろう。

倫理の構造をだいたい以上のようにたどることができるならば、習俗にはじまり道徳・法律をへて人倫をめざす系譜は、そのまま倫理思想または倫理学の発達の順序を語ることになるであろう。と同時にこれはまた、このわれわれ自身が倫理的な自覚を深めてゆく階梯を示すことにもなるであろう。

第二章　倫理の歴史

倫理思想史と倫理学史　すこし大げさないいかたになるが、およそ人間がこの地球上にあらわれてから二十世紀の今日にいたるまで、倫理はいかに発達してきたか。この問題を考えるのに、われわれは西洋史を主として例にとる。それにはいろいろの理由があるのだが、まず世界史といえば今までのところ何としても西洋が舞台だったからである。また、倫理の発達をすでにみたように習俗から人倫までの系譜においてとらえようとするわれわれの意図にとっても、西洋史はたいへん都合がよい。さらに、ある倫理学の体系とそれが生みだされる背景をなす時代・社会との関連、区別していえば倫理学史と倫理思想史との関連についても、西洋史は興味ある問題を示している。

ここで、事実としての倫理、思想としての倫理、学問としての倫理——この三者の区別について一言ふれておきたい。ここで倫理というのは、すでにみたように人間模様・世間風景というほどの広い意味ではあるが、それはまず客観的な事実ということができる。人間といえども動物の一種なのであり、そのかぎりにおいては、人間の存在も行動も、木石や禽獣のそれと同列に論ずることができる。これがまず事実としての倫理である。ところで、いうまでもないことながら、それだけではすまないところに倫理の妙味があるわけであって、そこからして思想としての倫理、学問としての倫理が問われることになる。

たとえば、「それは石である」という表現と「かれは人である」という表現とをくらべてみる。文法的にはまったくおなじ構造であるが、意味はかなり違うのである。「それは石である」というのは、それは石以外のものではなく、まさしく石であるという客観的な事実を語るだけのことである。ところが「かれは人である」というのは、おなじような意味で、かれは人以外のものではないという事実を語るばあいもあるかもしれないが、それはむしろ例外である。かれが犬でも猫でもなく人だなどということは、はじめからわかりきっている。そんなことではなく、「かれは人である」というのは、いかにも人間らしい人間、真人間だといっているのである。ここで日本語の「人でなし」という表現なども面白いわけで、「人でなし」とののしられるものは犬や猫ではなく、ともかく「人である」ものなのである。

つまり、人間のばあい、その存在(ある)がすでに当為(べし)を含んでいるということで、これはよくいわれるように、人間だけが自己の存在の意味を考える唯一の存在だからである。倫理はたんなる事実として放置されることなく、いつも人間によって反省され思考される。その結果としてでてくるのが、個人のばあいは倫理観・人生観・世界観などとよばれ、社会のばあいはふつう倫理思想とよばれている。そのような倫理観・倫理思想が、学問・芸術・宗教その他おしなべて文化を生みだす母胎と考えられる。

ところで、この意味での倫理思想と学問としての倫理学とは、多分にまぎらわしい点もあるけれども、やはり区別すべきものと思うのである。倫理思想がすでに生まな事実としての倫理を反省しそれを整理したものであるけれども、倫理学はさらにもう一度その倫理思想を反省し整理しなおしたものでなければならない。すぐれた倫理思想は、その背景である時代・社会をこえた永遠の価値をもつことがある。『論語』とか『聖書』とかの古典は、そのような意味でのすぐれた倫理思想の具現である。しかし、『論語』や『聖書』をただちに倫理学の書物とよぶことはできない。むしろ、それらは倫理学のための貴重な材料とこそいうべきであろう。学問とよばれるためには、論理の一貫性と体系としての完結が要求されるからである。

西洋史の展望　さて、西洋史はふつう古代・中世・近代の三時代を区分する。古代のまえに「書かれた歴史」以前の太古を加え、近代のあとに——近代のつづきながら近代とは区別すべき現代を加えてもよろしい。これらの各時代が紀元何年から何年までというようなことは、ここでは深くたち入らなくてもよいが、おおよそのことをいうと、太古と古代の境は前六・七世紀、古代と中世の境は四・五・六世紀、中世と近代の境は十五・十六世紀、そして近代と現代の境は十九世紀後半においてとらえられるかと思う。境目をたいへん大幅にとったのは、時代を劃する事件を何にとるかでズレがあるからだが、しかし大切なことはむしろその各時代の年数ではなくて、各時代をそれとして特徴づけている内容である。

世界史の舞台につぎつぎにあらわれて時代を宰領した立役者は、太古にあっては東方人、古代にあってはギリシア人、中世にあってはキリスト教、近代にあってはゲルマン人といってよいであろう。現代を近代と区別するのは、現代にあっては、世界史の主役はもはやゲルマン人の独占するところとはいえないからである。文字通りの「世界史」は現代とともにはじまった。さてこのようにして太古・古代・中世・近代・現代の時代区分は、いつからいつまでの年数によってではなく、むしろ各時代を宰領する主役によってきめるべきであるが、そうなると主役がつぎつぎに引き継がれる過渡の時期に注目しなくてはならぬ。そうした過渡の時期として、ホメロス時代を、ヘレニズム時代を、ルネサンス時代を、そして十九「世紀末」をそれぞれ語ることができる。こうして都合九つの時代を指摘し、それらの各時代にあって、時代をそれと特徴づける代表的な社会とそれに対応する個人とを拾いだして、両者の関係に注目してみよう。

第一に太古、エジプト・バビロニアなど東方人の時代にあっては、未開の時代にはどこでも同じことであるが、基本的な社会の単位は氏族であり、対応する個人は氏子である。そして、氏族と氏子の関係においては、氏族の全体性が氏子の個別性をまったく圧倒している。

第二にホロメス期、それはギリシア神話の時代から歴史時代への脱皮期であって、それはまた氏族からポリス（都市国家）への脱皮期であった。個人の側からいえば、氏子からポリテース（公民）への脱皮期である。社会の全体性に対して、個人がその個別性を自覚しはじめた時期である。

第三に古代、このギリシア人の時代にあって、社会と個人とはいまだ素朴なる形ではあるけれども美しい調和を示す。すなわち、ポリスとポリテースとの関係である。ここでは社会は大型の個人と考えられ、個人は小型の社会と考えられた。理想の社会と理想の個人とがまったく併行して語られたのである。

第四にヘレニズム期、ここではもはやポリスの美しい全体的統一は崩れ、その代りに焦点をもたぬ茫洋たるひろがりにすぎぬコスモポリス（世界国家）が出現する。個人はコスモポリテース（世界市民）として、茫洋たるひろがりに投げ出される。コスモポリスとは名ばかりの社会であって、個人によってのたしかな拠りどころとはならぬ。個人は自己のみを頼るほかはない。いちじるしく個人臭の強い時代である。

第五に中世、ここで形勢はまた逆転する。ローマ教会と封建制度、この表裏一体の強力なる社会のまえに、個人の個別性はふたたび蓋われる。ここでは既定の身分がすべてを決定する。個人はまったく動きがとれない。

第六にルネサンス期、ここで古代国家(ポリス)でもなく中世国家(封建国家)でもなく近代国家が誕生する。近代国家を支えるものは中世的な僧侶でも騎士でもなく、自覚した近代人(市民)である。個人は社会の圧制を払いのけようとする。

第七に近代、この形勢はいよいよ進む。近代とは個人の我の自覚史といってよい。「社会」ということばが現在の意味をもったのは近代からであるが、社会は既定の事実として個人を否応なくそこにはめこむものとしてあるのではなく、その反対に、自覚した個人が自己の利益のためにたがいに契約しあってつくりあげるのが社会だとせられた。市民社会とはつまりそういう社会である。だから市民社会とそれをつくりあげる市民との関係にあっては、つくられた社会の全体性よりはつくる個人の個別性の方がずっと強い。

第八に十九世紀末、ここで態勢はまた変る。十九世紀末は「国家」の危機としてとらえられるかと思う。それは一言でいえば国際問題と国内問題との矛盾である。各国家が他の国家とならんで人間最高の社会としての地位を守るためには、その社会としての全体性を正面にだして帝国主義とならざるをえない。社会としての全体性を強調するあまりには、個人としての個別性は多少なりと犠牲にせざるをえぬ。ところが、近代を通じて自我にめざめた個人は容易に全体性のまえに屈伏しようとはしない。国際的な帝国主義に呼応して、国内的には社会主義が栄える。社会と個人とのあきらかな対立と矛盾とである。

第九に現代、われわれが現に息づいているこの二十世紀では、社会と個人とはまったく分裂している。国家の境界はもはやかつての尊厳をもたず、求められる社会は人類をうって一丸とした「一つの世界」をおいてない。とともに、個人はその個別性を極限まで自覚しつくしたすえに、超絶的なものと対決する「実存」となった。世界主義と実存主義とは、こうしてならべることすらが奇妙なほどに、まったく断絶した二つの課題である。「人類」と「人格」——「人間」の社会的な全体性と個人的な個別性を示すことばが、こんなに断絶したことはない。

さて以上のような西洋史の発展を通じて、われわれは習俗から道徳をへて人倫にいたる系譜をたどることができるように思う。——倫理思想の発達ということからいえば太古の未開時代からはじめるべきであろうが、倫理学の誕生を念頭においてわれわれは古代から語りはじめる。

第三章　倫理学の誕生

前五世紀のアテナイ　西洋において、倫理学がはじめて体系だった学問として誕生したのは、紀元前五世紀のギリシア、それもとくに五世紀中葉以後のアテナイを舞台にしてのことといえる。とくに学問としての倫理学とことわったのは、断片的な倫理思想とでもよぶべきものならば、いわゆる七賢人の箴言などをはじめとして、いくつもの先例がすでに認められるからである。ところで最初の倫理学は人間哲学として登場したのであったが、それは「人間」がはじめて哲学の主題となったということであり、さらにいえば、真の意味での人間の自己省察がこのときはじめてなされたということでもあった。

そもそもギリシアにおいて「哲学」と訳されている philosophia (もともとは philia 愛と sophia 知との合成語) なるものがめだってくるのは、前六世紀からのことであったが、それはまずギリシア本土からではなく、まずイオニア、ついでイタリア (マグナ・グレキヤ) の両植民地からであった。当時のギリシアは、本土をなかにして、東は小アジアの、西は南イタリアの両植民地と、以上三つの群に分かれていたのである。

ところで、前六世紀のこの哲学は自然哲学と総称されるように、主として「自然」physis を問うものであった。このばあいの「自然」はおのずからなる万物というほどの広い意味であって、必ずしも西洋近代の自然のように、人間に対立する自然ではなく、むしろ人間をも包むような自然、または逆に人間のうちに包まれている自然であった。

前六世紀のイオニアとイタリアの哲学とでは、その色あいがよほど違っていた。同時代人であるヘラクレイトス Herakleitos（−541/0〜−475）とパルメニデス Parmenides（−541/0〜c. −476/5）の論戦はこれを象徴的に示すといえよう。不安なイオニアに思索したヘラクレイトスは「万物は流転する」panta rhei と説き、静寂なイタリアに思索したパルメニデスは「一にして全」hen kai pan なる「不動の実在」を説く。存在（ある）ousia と生成（なる）genesis との関係はギリシア哲学のみならず西洋哲学史をつらぬく重要な問題であるが、対立はすでにここにはじまっている。

この対立は一般に、ひとしくギリシア的といいながら、たがいに異なった二つの思想ないし気質の対立につながっている。それはあるいはギリシアの明朗と憂欝とよびわけられ、またたとえばニーチェによってアポロン的とデュオニソス的とよびわけられたものだが、一言でいうなら、前向きの新しきを求める方向と後向きの古きを守る方向といってもよかろう。革新的な傾向はとくに植民地イオニアの商人たちにおいてみられ、保守的な傾向はとくに本土アッティカの農民たちにおいてみられた。前五世紀のアテナイが第三の大きな花を咲かせたのは、この二つの思想を調和させたことにある。だがそのためにはギリシアの運命をかけたペルシア戦争(−500〜−449)を語るのが順序である。

人間哲学　前五世紀の前半にわたるペルシア戦争をとおして、いつも指導者の位置にたったのがアテナイであった。そして、この戦争の勝利によって、アテナイはアッティカのアテナイから全ギリシアのアテナイにまで昇格した。

前五世紀中葉、アテナイはその有能な指導者の名をとってペリクレス時代(−461〜−429)とよぶ全盛期を迎えた。ペリクレスが誇らかに叫んだように、アテナイは「ギリシア全土の学校」となった。ギリシア全土から、いなギリシアの外からすらも、人々は競ってこの新興の都府に集まってきた。まずイオニアで咲き、つぎにイタリアで咲いた花は、三べん目の正直——もっとみごとにアテナイで咲いた。このとき人々の関心は、それまでのように外なる自然 physis にではなく、内なる人為 nomos に向った。自然の学が人間の学に大きく転回する。

なぜだろうか。ほかでもない、それだけ人間のことがらが、あらためて問うに値するほど、にわかに複雑になり面白くなってきたからである。これまでのところでは、人間のことがらはすべて、習俗がおのずから処理してくれたので、わざわざ学問というほどのものは必要なかったのである。せいぜいのところ、断片的な箴言とか格言とかでじゅうぶんなのであった。ところが、前五世紀のアテナイでは事情が違ってきた。にわかに複雑になった人間関係に対処するためには、「人間」を主題とする哲学——人間哲学が求められるにいたったのである。

われわれはここで、ギリシア倫理学の共通の主題というべき「幸」と「徳」と「知」との三ッ巴の関係をとりあげておくことにしよう。この三ッ巴の関係は、あえてギリシア倫理学と限定しなくても、とりかたによってはおよそ西洋倫理学のすべてをつらぬく主題といえるかもしれないが、とくにはっきりとしているのはギリシア倫理学のばあいである。

さて、ギリシア語で「幸」は eudaimonia というが、これは字義どおりには、よき daimon（守護神）に恵まれていること、つまりは幸福というよりむしろ幸運のことであるが、そのような幸運は、生まれつき家柄がよく素性のよいものにおのずと恵まれるものとされた。また、ギリシア語の「徳」aretē は aristos（最善）に由来するというが、この言葉はたとえば大工ならその専門のノミ・カンナを使うのがうまいのが大工の「徳」というように、そのもの固有のよさ・うまさの意味で使われた。そのような腕のよさ・うまさは、これまた生まれつきの素質できまるものとせられた。また「知」sophia は、この言葉はやがては智恵というよりは知識という意味に固定して使われるようになってゆくのだが、はじめは知識と智恵の区別はなしに、ともかくも日ごろのおのずからなる素養というほどの意味に用いられた。

このようにみるとき、「幸」はすなわち素性、「徳」はすなわち素質、「知」はすなわち素養ということで、すべては先天的に決定しているとするのが習俗の考えかたである。このような考えかたはなにもギリシアの昔とはかぎらず、ひょっとすると今日にあってもおなじような考えかたがみられるかもしれない。しかし、こういうことでは、人間の倫理的努力というものははじめから否定されているわけである。ところが、前五世紀のアテナイでは人間関係がにわかに複雑になり高度になった。もはや先天的な「幸」「徳」「知」ではすまなくなった。ここであらためて人間哲学が求められたのである。

ソフィストたち　「ギリシアの学校」の最初の教師――ソフィスト sophistai とよばれる一群の人々の仕事もつまりここにあった。のちにソフィストは詭弁家の代名詞のようになったが、もともとソフィストとは「知者」の意味であって、彼らは時代の要求にかなう教養を人々に授ける職業教師であり、古き伝統と権威のきずなから人々を解放し啓蒙すべき物知り博士である。彼らの多くはイオニアないしイタリアの植民地出身であり、この仕事によって報酬を得ながらポリスからポリスと渡り歩いたのだけれども、活動の本舞台はアテナイであった。さてその際に彼らはその問題を、神々からでもなく自然からでもなく、あくまでも人間 anthrōpos から出発さした。そのかぎり、彼らが古き宗教と古き学問とに囚われていた人々を、新しき人間の学に啓蒙した功績はいちおう認めてよろしい。が、その啓蒙はたぶんにゆき過ぎであり、また安手でもあった。彼らは古きものの悪い面を否定するあまりに、その善い面をも、古きものの一切を否定した。角を矯めて牛を殺したのである。しかもその否定のしかたはまことに安直であった。それをもっともよく示すのが、彼らの出発点である人間の学――その「人間」の意味である。

プロタゴラス Protagoras(－482/1～－411)はいう、「人間は万物の尺度である、あるものについてはあることの、あらぬものについてはあらぬことの――」。有名な人間尺度説の「人間」はしかし、なんのことはない、個々の人のそれぞれな「感覚」aisthēsis をさすにほかならない。だから右の有名な命題は、つまりはこの眼でみたものだけを信用せよというほどの感覚的認識をすすめる句なので、そうなると同じものをみながら人によってみかたが違うということも起るわけで、客観的・絶対的な真理というものは考えられなくなる。ゴルギアス Gorgias(－483/2～－374/3)が、「何ものも有らぬ、有っても知りえぬ、知っても伝ええぬ」と三段構えで虚無的な不可知論を説くのも、同じように認識とはすなわち感覚にすぎぬという出発点からのことである。――だから彼らの所説はけっきょくは懐疑の壁につき当って、それから先に進まない。しかもその懐疑もけっして身を切るような深刻なものではなかった。これが後期のソフィストたちではいっそういちじるしく、それはもはや言葉の遊戯にまで、白を黒といいくるめる詭弁にまで堕落していった。

人間哲学を曲りなりにもうちだしたということで、われわれはソフィストたちを倫理学の創始者、すくなくも先駆者としていちおう認めよう。人間のことがらはすべて先天的ときめこむ習俗の壁から、ともかくも倫理を解放したのは彼らの功績である。彼らによれば、事物の間には正邪善悪の区別などはもともとはないのである。このような区別は事物の本性にもとづくものではなく、ただ因習にこだわり無定見なるがゆえのことにすぎない。慣習とか道徳とか法律とかいっても、要するに便宜上のとりきめ、それも強者が弱者を自己の意のままにしようためのとりきめにすぎない。だからして、啓蒙された人々は自分に都合のよいときにはそれを守ればよし、都合がわるければ刑罰にひっかからぬ程度にそれを破ってかまわない。

幸・徳・知などについてもおなじことで、それらを生まれつきのものときめこむにも当らぬし、またご大層に考えることもいらぬ。つまりは感覚できるそれらを求めればすむことで、幸とは感覚的な快楽、徳とは後天的な技巧、知とは見聞的な教養をいうにほかならぬ。

ソフィストたちの仕事は、当時にあって一種の啓蒙運動であった。ところで啓蒙運動というものは、どうかすると一面的にゆきすぎたり、またとかく安手なものとなりやすい。彼らの人間哲学は、まだほんものの倫理学とはいえないのである。

第四章　古典ギリシア

師弟三代　いわゆる古典ギリシアの倫理学を代表するのは、ソクラテス・プラトン・アリストテレスの三巨人である。これらの三巨人によって、ギリシア倫理学は、いなむしろ西洋倫理学は、はっきりと方向づけられたといってよい。

ところで、三代にわたる師弟関係にたつこれらの人々が、アテナイを舞台として活躍したのは、前五世紀の終りから前四世紀の後半にかけての百年たらずの期間である。そしてそのころ、アテナイはすでにくだり坂にさしかかっていた。思えばアテナイが、その輝かしい民主政治を謳った花の盛りはみじかかった。ペルシア戦争をきりぬけて一気に全盛期を迎えたアテナイではあったが、ゆっくり息つくひまもなく、宿敵スパルタとのペロポネソス戦争（−431〜−404）にまきこまれる。そして、この一戦があえなき敗北に終ったとき、アテナイは急速に凋落の一途をたどることになった。

三代の巨匠たちが活躍したのは、アテナイの全盛期ではなくて、むしろその凋落期である。このことはいろいろの意味で面白いことだ。われわれはここで、「ミネルヴァの梟は日暮れになって羽ばたきをはじめる」という、あの有名なヘーゲルの言葉を思いだしてもよい。ある民族がその現実の活動に忙しい真昼時には、哲学という智恵の鳥は動かないでじっとしている。民族の現実活動が衰える夕暮時になって、はじめてその民族の哲学が熟してくる。このばあいなど、まさにそのことがはっきりいえるのではないか。

ソクラテス Sokrates (c. −470〜−399) は、ペルシア戦争の勝利がほぼ決したころのアテナイに生まれ、ペリクレス時代にその青年期を送り、ペロポネソス戦争には三度まで従軍し、敗戦直後のアテナイ法廷より死刑を宣せられた。アテナイと終始その運命をともにしたのである。——ギリシア思想の祖といわれるこの人については、あまりにも多くのことが語られている。にもかかわらず、ソクラテス自身はその生涯についてもその思想についても、一行の文字だに残してはいない。すべては後人の記録、とくにプラトン・クセノフォン・アリストテレス、なかんずく最愛の高弟プラトンの記録からの推定である。

　ソクラテスの場合、その生涯とその思想とは切り離すことはできない。キケロは彼について、哲学を天上の高みからひきおろして町のもの家のものとしたといっているが、たしかに彼の本領は街頭の哲学者であった。しかし、最初からそうだったわけではない。彼の三十代後半のことと推定される有名なデルフォイの神託事件が転回のきっかけであった。彼を愛慕するカイレフォンなる者がデルフォイの神殿に赴いて「ソクラテス以上に賢いものがあるか」と伺いをたてたとき、巫女の口を通じて「ソクラテス以上に賢いものはない」との神託があった。彼は自らかかる知者であるとの自信はないが、さりとて神託に偽りがあろうとは考えられぬ。この矛盾が彼を苦しめた。苦しまぎれに彼はおよそ知者と噂される人々に片端から当ってみた。すると、いわゆる知者なるものは、何でも知ったような顔をしながら、自分でも知っているつもりでいながら、根本的には何も知ってはいないことを見出した。彼自身もまた根本的に何も知らない点ではいわゆる知者と変りはないが、しかし彼は自分が根本的には何も知らないという、そのことだけは知っている。この有名な「無知の知」は尊い結論であった。

彼はこれをひっさげて街頭にたった。彼は青年たちをまわりに引寄せながら、彼一流の対話法によって、外に向う知識よりもまず内に向う智恵を求めることを、人間はなによりもまず自分の魂を大切にしなくてはならぬことを、説いたのである。彼の対話のやりかたは、はじめから相手に教えるのではなくて、まず相手に語らせ、その語るところの矛盾をついてやることによって、相手に自らの根本的な無知を悟らせるという、「ソクラテスの皮肉」とよばれることのある独特のものであった。彼が好んで用いた「汝自らを知れ」gnōthi seauton の有名な標語は、もと彼とはゆかりの深いデルフォイ神殿の扉銘であった。扉銘としての「汝自らを知れ」は、人間は人間としての分際をわきまえよというほどの、敬神をすすめる句である。しかるにソクラテスが「汝自らを知れ」というとき、それは人間は自己自らの根本的な無知に目ざめねばならぬというのであり、そしてそのように自己の根本的無知に徹することが、かえって真知への愛をはげますというのであって、まさしく倫理的な自覚をすすめる句となっている。

ソクラテスは正当な意味で倫理学の創始者とよばれるが、では彼はいかなる倫理学を説いたか。この点で、彼がその同時代人からはソフィストのひとりと目せられたことは興味ある事実である。これはまんざら理由のないことではない。彼はソフィストのように市場で語ったし、ソフィストのようにまず人間を語ったし、ソフィストのように道徳は教えうると説いた。だが、大事な一点で彼はソフィストとは違っていた。それは何を語ったかではなく如何に語ったか——彼が人間を語り倫理を語る態度である。彼はソフィストのように口先だけではなく、文字どおり命をかけて語った。そして、その生命をあえて断つことによって、その思想を万世に遺したのである。

彼の倫理学を要約すれば、「幸」と「徳」と「知」との高次の調和ということになろう。三者のいちおうの調和というだけのことならば、すでにみたように、当時の一般人は習俗をたよりにそれらの素朴な調和を考えていたし、またソフィストたちは感覚をかかげてそれらの平俗な調和を語っている。これにたいして、ソクラテスは霊魂 psychē を軸としてそれらの高次の調和を説いたといえる。ここで霊魂というのは、こんにちの言葉ではむしろ人格ともいうべきものである。すなわちソクラテスの説いた「幸」は、感覚的な快楽などではなく、全人格に根ざす心の底からの幸福である。「徳」は末梢的な技巧などではなく、まさに全人格をかけた道徳のことである。また、「知」は見聞的な教養などではなく、これまた全人格に発する真知への愛をいうにほかならぬ。このようにして、全身全霊をこめた幸・徳・知の高次の調和こそ、ギリシア倫理の円熟の境地――カロカガティア（善美）kalokagathia というものであった。

「徳は知である」「ひとは知りながらにして悪を行なうことはない」「知りながらの悪は知らずしての悪よりはまだしもましである」。こうした一連の「徳」と「知」の調和を語る彼の言葉も、彼の根本的な倫理観とともに解釈されなくてはならない。「徳は知である」というのも、道徳は知識・教養のたまもの、学がなければ徳もないなどという安直な意味ではなく、つまるところ道徳とは自覚をいうにほかならぬ、という意味にこそ解すべきであろう。「知りながらの悪」「知らずしての悪」についても、この「知」を通俗的な意味で知識・承知と解するなら、ソクラテスのいうことは逆説的にきこえる。承知しながらやるから悪なので、知らないでやったことは仕方がない、というのが通俗の見解だからである。しかし、ソクラテスのいう「知」はそんな安直な意味ではなく、自分自身を奥底までみつめる自我の自覚、そこまで徹してはじめて生まれてくる人格の信念のことなのである。だから「知りながら悪を行なうことはない」「知らずしての悪がもっとも困る」というのも、道徳的自覚にたってはじめて道徳的行為が可能なのだという、彼の確信を背後に控えているのである。

ソクラテスがこれらのことを青年たちに説いたころ、彼の愛したアテナイのポリスはうわべの栄華のかげで急速な没落の一途をたどっていった。民主政治は衆愚政治に堕落しつつあった。浅薄な教養に鼻うごめかす軽薄な才子ばかりがはびこっていた。そのとき彼が説いたものは、いな説いたばかりでなく身をもって行なったものは、よきポリテース(公民) politēs としての倫理、さらに具体的にはよきアテナイ人としての倫理であった。彼は望みをすぐれた青年たちに託して前399年の晩春、みずから毒杯を仰いで死んだ。ソクラテスの死はまたアテナイの死であった。

プラトン Platon(−427～−347)　ソクラテスの死後、弟子たちの間から後に小ソクラテス学派と一括される人々が、多面的なソクラテスの一面のみをそれぞれとりあげて、それを強調し拡張することによって師を祖述しようとした。――世俗を排し孤高なる自足の徳を説くあまりに、あらゆる慣習や礼儀をも軽んじて、ことさら世をすねたキニク派(キュニコス派、犬儒派) Cynics や、およその反対に、徳とは享楽しうる能力であるとして、快楽を歓喜を幸福をもって徳の目標としたキュレネ派 Cyrenaics などがそれである。

小ソクラテス学派がそれぞれに一面的なソクラテスを伝えたのにたいして、全面的なソクラテスを伝えたのがプラトンである。——プラトンはペロポネソス戦争の初期にアテナイの名門の子として生まれた。偉大なる政治家ペリクレスの死の翌々年である。名門の子は政治家たることを約束されていた当時、彼の少年期はそのようにして教育せられた。そのままで進んだならば、おそらく凡庸に終ったであろうアテナイの一政治家の名とひきかえに、われわれは思想史からかけがえのない貴重な名をひとつ失うはずであった。感じやすい青年期におけるソクラテスとの運命的なめぐりあいが、プラトンの一生を決定した。交遊は二十歳ころにはじまり二十八歳、ソクラテスの偉大な死までつづく。師の死後、彼はアテナイを捨ててギリシア各地を十年間にわたり遍歴する。四十歳ころアテナイに帰った彼は、西北郊にアカデメイア Akademeia なる学園をひらき、以後四十年、途中六十代における一時的な、けっきょくは失敗に終った実際政治活動の期間をのぞいては、もっぱらアカデメイアを根城にして研究と講義と著作とに従事した。

プラトンの著作は周知のように対話篇とよばれる。これは当時の文芸を代表する戯曲の形式であるが、なぜ彼がこのような形式をとったかということは、ひとつには彼の芸術家的な好みからもきているのではあろうが、それよりもむしろ、それが師ソクラテスを継ぐ哲学の方法につながる点が大切であろう。すなわち、対話 dialogos とは独白 monologos にたいしてのことで、真理はひとりで考えこんでつかめるものではなく、自他の活潑な討論をとおしてはじめてつかめるものだ。この信念をもって師ソクラテスが街頭で行なったことを、プラトンはいわばそのまま紙面にうつしたのである。プラトンの対話篇は、西洋哲学史をつらぬくもっとも有力な方法のひとつといえる弁証法 dialektikē の起源ということができる。dialektikē とは文字どおりには dialogos（対話）の tekhnē（技術）つまり対話術の意味である。

さて、三十五を数えるプラトンの対話篇にあって、いつも主役として登場するのはソクラテスである。もっとも、同じく主役とはいいながら、役柄はすこしずつずれてゆく。師ソクラテスの生活と思想とをできるだけ忠実に伝えようとした青年期の作品では、ソクラテスは主役というよりむしろ一人舞台である。師がなすべくしてなし残した課題を力強く展開した壮年期の作品では、ソクラテスは活潑な討論のしめくくりをつける有能な座長である。そして、ようやく師の影響をはなれるにいたった老年期の作品では、ソクラテスは主役ではあるがいわば名誉座長とでもいうべき位置に退いている。

プラトン壮年期の中心思想はふつうイデア説とよばれている。彼の倫理説も、まずここからはじめなくてはならぬ。

イデア idea またはエイドス eidos というのは、もともと「みる」idein に由来する言葉で、「みられるもの」というほどの意味である。ところで、プラトンのいう「イデア」はきわめて弾力のある用法であるが、すくなくとも二様の意味が含まれている。第一にそれは現象に対しての理念（およそ〜というもの）というほどのむしろ論理的な意味であり、第二にそれは現実に対しての理想（かくあるべき〜）というほどのむしろ倫理的な意味である。第一の意味だけならば、すでに彼以前にも先例がある。第二の意味において、プラトンは現実の世界に対して、それが仰ぎみて模範とすべき理想としてのイデアの世界を掲げたのである。そしてプラトンは、そのイデアの世界の中心に、あたかも現実の世界における太陽にもなぞらえるべきものとして、善のイデア idea tou agathou を据えた。だから善のイデアとは、一切実在の根源たるとともに、一切現実の模範である。善はプラトンによって絶対的にして客観的な位置を与えられたといえる。

ところで、そのように人間をはるかに超絶した絶対的な善にたいして、いわば相対的な善、人間にとってふつうに善とよばれるものは何であるか。それは人間の位置づけによってきまる。プラトンによれば、人間はもとイデア界にあったが、誕生とともに現象界に舞いおりた。それゆえ、人間にとってイデア界はいわば心の故郷であり、人間はいつもイデア界を想起 anamnēsis し愛慕 erōs してやまない。人間は理性 logistikon をもつことによってイデアの世界（神の世界）に属し、情欲 epithymētikon をもつことによって現象の世界（肉の世界）に属する。これら二つをつなぐものが気概 thymoeides である。人間のこのような内的構成はまた人間の外的構成にもあらわれている。すなわち、頭・胸・腹はそれぞれに理性・気概・情欲の座である。心の三つの働きとしてごくふつうにいわれる知・情・意の区別は、プラトンのこの理性・

情欲・気概の区別にはじまるものである。

名実ともにプラトンの代表作である『国家篇』Politeia は、理想的な国家（ポリス）を描くとともに、また理想的な人間（ポリテース）を描いている。プラトンにとっては、いやギリシア人にとっては一般に、国家とは大型の人間であり、人間とは小型の国家なのであった。両者はまったく同じ筆法で論ぜられるのである。まず、理想的な人間とは何か。その人にあって理性・気概・情欲という三つの要素がうまく調和して、それぞれの役割りを果しているような人である。理性がイデアを知るというその目的を果してその人の全生活を調整しているとき、彼は智恵 sophia ある人とせられる。気概が理性を助けて情欲を統制するとき、彼は勇気 andreia ある人とせられる。情欲が理性を乱し妨げることなく平和にその働きを果すとき、彼は節制 sōphrosynē ある人とせられる。このようにして知・情・意の調和のとれた人がすなわち正義 dikaiosynē の人である。

「智恵」「勇気」「節制」およびこの三者をしめくくる「正義」――以上の四つの徳目はプラトンの四元徳 cardinal virtues としてたいへん有名である。西洋にあっておよそ徳目というものが考えられるとき、この四つの徳目はかならずあげられるといってよい。たとえば、やがてキリスト教が七元徳をあげるとき、そのうちの四つまではこの四元徳である。なお、四元徳のそれぞれはかなり含みのある内容であって、「智恵」は知識とことさら区別はなく、むしろ知識・

智恵をひとつにした意味であるし、「勇気」も外面的なそれと内面的なそれをともに含んでいるし、「節制」も情欲を抑制するという消極的な意味だけでなく、むしろ情欲を洗練するという積極的な意味なのであるし、「正義」もいわゆる正義だけでなく、むしろ公正という意味をもっている。

ところで、「正しき人」についての論議はそっくりそのまま「正しき国」——理想国家の論議にもつながる。国家というからだの頭・胸・腹に当るものが支配階級・防衛階級・生産階級であり、それらはそれぞれ理性・気概・情欲の座である。かくして国家は、治者が智恵をもってこれを統べ、軍人と官吏が勇気をもってこれを守り、庶民が節制をもってこれを支えるときに「正しき国」となる。いわゆる哲人政治——最もよきもの aristos が統治 kratia するアリストクラシイ aristo-kratia の理想が説かれる。プラトンはすでに崩れかけた現実のポリスをみつめながら、政治家たるべかりし生涯の夢を追いつつ、その理想のポリスを描いたのである。

プラトンにとって「善」は——「善のイデア」にみられる絶対的な善はいうまでもなく、「四元徳」にみられるやや相対的な善にしても、ともに客観的なるものである。主観的な感覚や意見や因習やによって善とせられるがゆえに善なのではなく、客観的にもともと善なるがゆえに主観的にもまた善とせられるのである。ここでわれわれは、「人間がさきか、道徳がさきか」という論題にふれてもよいであろう。人間あってこその道徳という立場をとるとき、道徳は時代・社会とともに変る一時の約束となるし、道徳あってこその人間という立場をとるとき、道徳は時代・社会をこえて変らない永遠の掟となる。もちろん、一方的にどちらかの立場をとるべきだというのではない。ただ、古来の倫理学説をみるとき、どちらかの立場が強くでているものである。プラトンのばあいなどは、まさに永遠の掟としての道徳を、道徳あってこその人間を説く典型的な例ということができる。

以上のようなプラトンの倫理観は、当時一般のギリシア人のそれとまるで別物とまではいえない。ただし、彼の強調してやまぬ理性の追求、とくに彼特有のイデア説は、いうまでもなく一般人のそれとはよほど隔っていた。ところでわれわれはさらに、彼の対話篇の数多くにきわだっている彼独自の人生観——脱俗遁世の思想にふれねばなるまい。このような思想は古代ギリシアでは異色のもので、むしろ後に語るべきキリスト教の思想に近似している。プラトンは人間霊魂を理性・気概・情欲と三分したが、じつは必ずしも人間を精神的なると同時に肉体的なる二元的存在として把握したわけではなく、しばしば人間をまったく精神化しようとする傾きを示している。理性こそが人間の本性であって、感性は偶然の付加物にすぎぬ。神は情欲に煩わされることのない純粋の思惟であり、その神に似ることこそが人間の努力の最高目標である。霊魂の前世・来世が語られ、霊魂の転生・不死が伝えられるのは、すべてこの思想につながる。現世はかりそめのもので、精神がそこに閉じこめられそこからたえず逃れようとする牢獄である、という考えかたがみられる。

プラトンの思想とその生涯とのつながりは深い。彼と同時代との関係は必ずしも友好的とはいえなかった。彼の故国たるアテナイは、この哲学者に何らの公的活動の機会を与えなかった。そのような彼の孤絶が、公的生活における顕官たちやソフィストたちや修辞家たちにたいする痛烈な批判を生んだともいえる。プラトンは、彼らをもっとも無価値なる技術の代表者とみた。すなわち、大衆 dēmos とよぶ我儘者のむら気におもねり、それによって利益と名声を博する技術である。大衆は己が卑しさに迎合するものを喜び、己が卑しさを批判するものを憎む。だから哲学者は公的生活から身を退いて、アカデメイアの孤独に遁れるのである。しかしながらプラトンはまた、この自然的感性的な世界をまったく否定するのには、あまりにもギリシア人であった。現実の人間と国家は信じなかったが、理想の人間と国家は信じたのである。プラトンの倫理学は、理想的なポリスとポリテースの倫理としておさえることができるであろう。

アリストテレス　Aristoteles（－384～－322）　がイオニアの植民地スタギロスに生まれたのはソクラテスが死んで十五年、プラトンがアカデメイアを開いて五年たったころであった。当時スタギロスはすでに新興勢力マケドニアの支配下にあり、彼の父はその宮廷の侍医であった。幼くして両親を失った好学の青年は、はるばる笈を負うてアカデメイアに入門し、学頭プラトンの死まで二十年間――その三十代のなかばまでここに留まった。それから十五年ほどの遍歴時代がはさまる。招かれてマケドニアの王子アレクサンドロスの教育に当った有名な閲歴も、この期間のことである。父王フィリッポスの暗殺とともに(―336)アレクサンドロスは二十歳にして王位に即く。アリストテレスは五十歳にしてアテナイに戻り、リュケイオン Lykeion なる学園を設立して逍遙(ペリパトス)学派 Peripatetikoi の祖となった。学苑内の並木道を散歩しながら教授したことに由来する名である。彼は十二年間ここで研究と講義にたずさわった。そのころ、彼の教え子のアレクサンドロスは、その有名な東征によって、急速に世界帝国を開きつつあった。そのアレクサンドロスが偉大なる事業の中途に突如として死んだとき(―323)、ギリシアにおこった反マケドニア運動の渦中にまきこまれるのを避けて、アリストテレスはアテナイを捨てた。そしてその翌年、病んで死んだ。

ソクラテス・プラトン・アリストテレス――この三代にわたる師弟関係は、思想史上の大きな興味である。ところで、プラトンがその師ソクラテスに対するのと、アリストテレスがその師プラトンに対するのとではかなりの違いがある。プラトンはイデア説によって師をこえたとはいうものの、しかし一生その師にはまったく忠実であった。アリストテレスはこれにたいして、比較的はやくに師のイデア説を真向から批判することから出発した。師が理想家であるのにたいし、彼はあくまでも現実家である。それは資質の違いでもあったが、また時代の違いでもあった。両者をへだてる一世代はギリシアにとって急速な転落の時期であった。まず理想を掲げてつぎに現実に及ぶというプラトンの道は、アリストテレスの時代にはもう許されない。高遠な理想を説くより前に、卑近な現実が立ちはだかっている。彼はまず現実からはじめて一歩ずつ迫ってゆくという道をとった。存在(ある)と生成(なる)——伝統の課題にしても、プラトンがそれぞれをイデア界と現象界に所属せしめることによって二元的な離在としてとらえたのにたいして、しかもその場合、どこまでも「ある」の面に重点がおかれたのにたいして、アリストテレスはこれを一つのものの二つの面という一元的な内在としてとらえ、しかも彼が重点をおいたのは「なる」の面であった。すなわち、可能態 dynamis としての質料 hylē が現実態 energeia としての形相 eidos をとる——エンテレケイア説 entelecheia といわれるこの一元的な「なる」の考えかたは、彼の全体系にみられるものである。

アリストテレスはそれまでにあったギリシア哲学の総決算をしたばかりでなく、およそ当時にあって考えられるかぎりのあらゆる学的領域で基礎づけと体系づけの仕事をしている。理論と実践とを、対応する二つの分野としてはっきり分けたのも彼である。

「倫理学」ethica という学名も、まさしく彼の著書『ニコマコス倫理学』Ethica Nicomachea から出発している。ただここに面白い事情は、こんにちアリストテレスの著書とよばれているものの大部分が、じつははじめから彼自身によって公刊されたものではなくて、彼の未整理の草稿を弟子たちが編集して公刊したものなのである。アリストテレスの長男の名をとって標題とした『ニコマコス倫理学』もそれであって、たいへん奇妙なことには、ethica という学名は標題だけのことで、本文のなかではただの一度もそういう学名はでてこない。アリストテレス自身が考えていたのは、どうやら politica という学名らしく、これは何度も使われている。ただし、politica はこんにち「政治学」であるが、アリストテレスのいう politica は文字どおり「ポリスの学」という広義のもので、つまり国家学・社会学・政治学などをひとつにした学名であった。

アリストテレスの倫理学は、いきなり「善のイデア」というごとき超絶的なものからではなく、「われわれはわれわれに知られた事柄からはじめなくてはならぬ」として、手近な実践的な善から、人間的な幸福から出発する。——まず善(よきもの)とは何か。それは、人間の行為・技芸・学問にとって目的となっているものである。だが、ひとくちに善といっても、医学にとっては健康が、戦術にとっては勝利が、経済学にとっては富が善であるというふうに、まことにさまざまの善がある。ところで、人間のすることには高低の序列があって、高位のことは低位のことを手段として包み、低位のことは高位のことを目的として仰ぐ。たとえば、鞍作りは乗馬のため、乗馬は戦争のため、戦争は国家のための手段である。逆にまた、国家は戦争にとっての、戦争は乗馬にとっての、乗馬は鞍作りにとっての目的である。このようにして、人間の事柄はたいてい、目的であると同時に手段であるという二重構造をもっているが、ここで、もはや他のための手段となることなく、ただそれみずからのために求められる最高の目的が考えられる。それがつまり最高善で、それは最高の学芸の目的ということができる。その最高学をアリストテレスはポリチカに求めた。だから、ポリスの学がよしとして求めるものが最高善である。このことは、彼が人間をポリス的動物(社会的動物・政治的動物)zōon politikonとよんだことと表裏一致する。

最高善の形式はこうしてきめられた。ではその実質は何であるか。ここでも彼は躊躇なく、当時の常識とともに、それは幸福であると答える。問題はこれよりさきの、幸福の具体的な内容である。およそ一般人は、幸福の内容を快楽・名誉・富裕といった、外面的なものに求めて怪しまない。だが最高善の幸福は、そのように過渡的な手段的なものであってはならず、それは終局的な自足的なものでなければならぬ。といってここで、プラトンの「善のイデア」のような超絶的なものをいきなりかつぎだすのも場違いである。そこでアリストテレスは、人間の霊魂の働きを吟味することから、その幸福論を展開してゆく。彼によれば、人間はあらゆる生物とともに栄養・生殖という植物的な働きをもち(植物霊魂)、さらにあらゆる動物とともに感覚・欲望という動物的な働きをもち(動物霊魂)、しかしあらゆる他のものとは違って知性・理性という人間固有の働きをもっている(人間霊魂)。だから人間に固有の働きといえば、それは

「理性にかなった、またはすくなくも理性を離れない霊魂の活動」である。

ところで、笛吹きは心ゆくまで笛を吹きならすときがもっとも幸福であり、船乗りは思いのままに船を操るときがもっとも幸福である。このように、人間の真の幸福は、自己の本領が生き生きと発揮できたときにきわまる。とすれば、人間の本領が理性的であることに求められるならば、人間の幸福もまた理性的であることにおいてきわまるといわねばならぬ。さらにまた、「徳」とはギリシアにあっては、そのもの固有の働きのよさ、本領の発揮を意味するのであるから、人間の徳もまた、理性的であることを軸として語られる。このようにして「幸」と「徳」と「知」とは、アリストテレスにあって高次の調和を示している。

さて人間の徳は、理性にかなった霊魂の活動、または理性をはなれぬ霊魂の活動と定義せられた。この微妙な区別に応じてアリストテレスは、人間の徳を知性的な徳(知徳) dianoētikē aretē と習性的な徳(行徳) ēthikē aretē とに二分する。前者は理論的な知識 sophia の働きにみられる人間の優秀さであって愛智活動(哲学)をもって筆頭とする。後者は実践的な智恵 phronēsis の働きにみられる人間の優秀さであって、これがふつう「道徳」とせられるものである。理論と実践、知識と智恵——という微妙な領域をはじめてはっきりと二分したアリストテレスは(ソクラテス・プラトンでは両者の区別はまだはっきりしない)、前者を「他のものではありえない」事柄の、後者を「他のものでもありうる」事柄の領域とよびわけた。彼がより高く評価するのは前者——理論活動にみられる人間固有の優秀性、すなわち知性的な徳である。幸福と結びつけてみても、完全なる幸福は知徳とともにある。にもかかわらず、ふつうにいう「道徳」の問題は後者——実践活動にみられる人間固有の優秀性、すなわち習性的な徳にかかわっている。

『ニコマコス倫理学』は大部分の頁を「習性的な徳」のために割いている。勇気・節制・正義など、プラトンが四元徳として数えたものなどはいうまでもなく、金銭・名誉・憤怒などにまつわる徳、社交とかかわる徳、準徳として廉恥心、または友情・人間愛などなど、およそ当時にあって考えられるあらゆる徳目について、じつに念入りな解釈と分析とが試みられている。

アリストテレスは、「習性的な徳」の特性をまず文字どおり「習性」ēthos に求めている。すなわち、徳とは習慣・習熟・習性の結果をいうのであって、そうでないものについては徳を語ることができない。たとえば、石はなんべん上にほうりあげることをくりかえしても、上にあがるという習慣はつかない。また、物を見たり聞いたりする能力は生まれつきのもので、反復練習によって見たり聞いたりできるようになったわけではない。廉恥心などもしばしば徳のうちに数えられるけれども、恥しく思う感情は生まれつきのもので、必ずしも習慣の結果ということはできない。廉恥心は徳への通路ではあっても徳そのものではない。

アリストテレスはさらに、徳の特性を「中庸」mesotēs としておさえる。たとえば勇気の徳とは、恐しいものにたいしてとる中庸の態度をいうのであり、それは勇気のありすぎる暴勇となさすぎる卑怯との中間に位置している。もっとも、足して二で割った中間というのでは困るので、このばあいなどは、人間は勇気のなさすぎる卑怯のほうに傾きやすいのだから、望ましい中庸の勇気はむしろ暴勇の側にすこし片寄せて位置すべきである。しかし、いちいちのばあい、これはとうてい理詰めではいかないことで、直覚的な判断にまつほかはない。

アリストテレスはさらに、徳とともに「選択意志」proairēsis を語る。人間は自分の行動について、その結果のよしあしにかかわりなく、責任をとらねばならぬ。なぜならば、人間はその行動を自分で選んだのであり、またそのように選ぶ能力をもっているからである。もっとも、その行動が強制されたものであるばあい、また無知によるものであるばあいは、責任をとることができない。ただし、ここで強制といい無知というのは、自分の行動の原因が全面的に自分の外にある、すこぶる例外的なばあいだけをいうので、強制と無知とを安直に責任のがれの口実とすることはもっともいましめられる。

アリストテレスの倫理学は、彼自身の言葉を借りて、ポリス的動物の倫理としてまとめることができよう。

第五章　古代のたそがれ

ヘレニズム　すでにアリストテレスの晩年は、ギリシアがその政治的な自立性を失った時代であるが、しかしそれと同時にまたはその代りに、その卓越した文化を、アレクサンドロスの東征によって開かれた世界——コスモポリス（世界国家）kosmopolis——に波及せしめた時代である。前四世紀の後半から紀元にいたるほぼ三百年間——マケドニアに対してギリシアが屈したカイロネイア会戦（－338）から帝政ローマ成立の端緒たるアクチウム海戦（－31）までは、国家的に無力になったギリシアが文化的に世界を征略してゆく時代であって、純ギリシア（ヘレネドム）Hellenedom の時代に対してギリシア風（ヘレニズム）Hellenism の時代と称せられる。ギリシア人はみずからをよぶにヘラス Hellas の名をもってしたからである。

まことにヘレニズム時代は、ギリシア文化が世界文化として生い立ってゆく揺籃の時代であった。ソクラテス・プラトン・アリストテレスを生んだ古典時代にあってその深遠性と独創性の頂をきわめたかにみえるギリシア文化は、いまや地中海をめぐる広大なヘレニズム世界において、その普及性と実用性を獲得するのである。この時期の学は、その理論的な掘りさげにおいては、すべて古典時代の先輩――なかんずくプラトン・アリストテレス――の後塵を拝する亜流にすぎない。それは、ひとつにはプラトン・アリストテレスにおいて、ギリシア思想はそれ以上の体系を必要とせぬまでに一応の完成に達していたからでもあり、またひとつには諸学がすでにそれぞれの分野のそれぞれの専門家を必要とするまでに分化し、哲学者が同時に数学者・物理学者・雄弁家・政治家を兼ねるという時代は去っていたからでもある。哲学はその本来の形而上学的な問題を、経験に根ざした実証科学に譲らねばならなかった。このようにして哲学は、残された唯一の道として、いちじるしく実践的なる「生活の智恵」を教える学となり、哲学者はそのような智恵をひとびとに授ける「霊魂の医者」たろうと欲したのである。かくしてヘレニズム時代はしばしば倫理的なる時代 ethische Periode として特徴づけられる。

この時代の倫理思想ないし倫理学は――この両者の直結のゆえに倫理的なる時代とよばれるのであるが――時代特有の傾向を担っている。第一に、それはいちじるしく個人主義的である。古典時代の倫理は、その窮極においてつねにポリスをめざしていた。ソクラテスの説いたものはよきポリテースとしての徳であり、プラトンが語ったのは理想的なポリスであり、アリストテレスが述べたのはポリス的動物の倫理である。しかるにヘレニズム世界にあって、ポリスはすでにひとびとにとって権威と魅力と目標であることをやめている。アテナイとてももはや文化の独占的な中心ではなく、それはアレクサンドリア・アンチオキア・ペルガモンなどとともに、いくつかあるヘレニズム世界の中心のひとつにすぎない。ヘレニズム世界は、名前こそポリスの狭い埒を放ったコスモポリスであっても、じつはこれといった焦点をもたぬ茫洋たるひろがりである。もはや頼るべきは自己自身をおいてはない。ここからしてヘレニズム倫理には、世界主義 cosmopolitanism に通ずる個人主義が指摘できる。第二に、それはいちじるしく相対主義的である。なぜというに、個人にとってまず信ずべきは自己の感性的なる経験である。ところで感性的・経験的なるものは、たとえ感覚し経験する当の個人にとっては主観的に絶対と思われようとも、客観的には決して絶対的なものではないからである。ところでヘレニズム倫理はいちじるしく個人主義的である以上、それが何よりも重んずるのは個人の感性と経験であり、したがってそれは相対主義とならざるをえない。第三に、それはいちじるしく実用主義的である。すでに指摘したように、ヘレニズム時代の学はその理論的部門を経験科学に委ねて、ひたすら実践的部門を追求している。ところで実践的なるものは、個人主義・相対主義と結びつくときは、実用主義とならざるをえない。ヘレニズム倫理はこのような実用主義によって、古典時代のそれと比べてより通俗的なものとなっている。

以上のような個人主義・相対主義・実用主義のうえにたって、ひとびとは自己みずからに帰入しつつ、この不安なる時代に処して、失われた内面の満足と心情の安静とを取り戻そうと努力する。そのあるものは生の高貴なる享楽において(エピクロス派)、あるものは厳格なる義務の遂行において（ストア派）、またあるものは人間の認識の限界を悟っての慎重なる判断中止 epochē において（懐疑派）、さらにまたあるものは種々なる立場の混合・調停において（折衷派）——自己の人格の幸福を希求し、そしてついには、まったく宗教的な新プラトン派の出現をみるにいたるのである。われわれはこれら諸傾向のうち、その後の思想史をながく支配した二つのあい反する主要な立場——エピクロス派とストア派についてまず考えてみる。

エピクロス派 Epicureans　いうまでもなく、エピクロス Epikouros（−341〜−270）を祖とする学派である。彼は教師の子として生まれ、少年時代は不規則な教育を受けたらしいが、とくに小ソクラテス学派のキュレネ派の影響がみられる。自家の庭園に学校をつくったところから、この派はまた庭園哲学者の名でよばれる。「エピキュリアン」の語はいかにも享楽的な不道徳的なものを連想させるが、これはむしろ反対者たちの誹謗によるもので、エピクロス自身はいたって穏健明朗な人だったらしいし、彼の学校には当時にあって閉出されていた婦人や奴隷も参加し熱心に勉学したということである。

この派の倫理学は、周知のように、まず個人の快楽 hedonē から出発するが、しかし大切なことは、その快楽を通じて到達すべき目標は「幸福なる生活」に置かれていたという点であろう。このばあい、快楽とよばれ幸福とよばれるものは、最初はたしかに感性的・経験的・主観的な快楽感であり幸福感であったに違いない。しかし快楽のあくなき追求がけっして幸福をもたらすものでないことは、いわゆる歓楽きわまりて哀情おおきことは、また経験のたちどころに教えるものである。かくして当初は官能的な快楽、なかんずく肉欲の満足に伴う快を最高最美のものとしたこの派の幸福説は、ようやく修整を必要とするにいたる。すなわち、完全な幸福のためには刹那的な欲望の満足――「運動における快」では足りないのであって、持続的な――「静止における快」が到達されねばならず、したがって道徳生活の最高の果実としての幸福も、たんに主観的な幸福感ではなく、「安静不動」ataraxia――何ものにも心を乱されぬ境地でなければならぬ。

ところで、このような「安静不動」の幸福を妨げるものは恐怖と不安――とくに神と死についてのそれである。だが、そのような恐怖と不安は無知愚昧なるがゆえであって、理性的なる人はそのようなものに迷わされぬ。エピクロス派の快楽・幸福の標準はまず個人のパトス(感性)pathosにおかれ、そしてパトスに対するロゴス(理性)logosはむしろパトスの自由暢達を妨げるものとして背後に退いていたが、そのパトスの追求のきわみにもう一度ロゴスに登場してもらうほかなくなる。すなわち、快楽は必ずしも求めるべきでなく、苦悩は必ずしも避けるべきでないという修整がなされる。苦悩といえども、結果としてより大きな快楽をともなうならば、むしろすすんで求むべしというのである。また欲望も、自然的な欲望とそうでないものとに、さらに自然的な欲望でも必然的なものとそうでないものとに分けられた。このようにさまざまな欲望の満足から直接間接に結果する快楽は、それ自体はあくまでパトスのものであっても、それを通じて「安静不動」の幸福にいたるには、それらを比較計量するロゴスが働かなくてはならない。——このようにして、エピクロス派の倫理説は、快楽に人生の意義を見出すという花やかな楽天観に発しながら、しょせんは快楽に虚無を覚える厭世観に終るといえよう。

さて、そのような倫理学的原理が、実践生活・社会生活にはどのように応用されるか。一言にしていえば、「隠れて生きよ」というのが彼らの生活信条である。社会生活の喧噪からいっさい遠ざかって、ひたすら内面の安静と平和のみを守る「片隅の幸福」Glück im Winkel が称揚される。この窮極の幸福のためには、あらゆる社会生活は妨げにすぎぬ。結婚し家庭をつくることすらも躊躇される。ひとり友情のみが、卑しめられる奴隷をも包む万人に対するかわらぬ好意のみが奨められている。

エピクロス派の主張には学説としてはそれほど独創的なものもなく、学派としても永続しなかったが、実践的影響は深く滲透している。中世を通じてこの倫理説は当然のことながら異端としてきびしくしりぞけられたが、近代にいたって再発見されることとなる。

ストア派 Stoics

ストアの名は彼らの学園のあった場所——stoa poikilē（彩られた堂）

――に由来する。前三世紀から後二世紀にまたがるこの有力な学派は、ふつう古・中・新ストアの三つの時期を分ける。古ストア（前三世紀）にみられる峻厳な倫理説は、中ストア（前一・二世紀）において大幅に緩和せられ、さらに新ストア（後一・二世紀――帝政ローマ時代）においては通俗化されまた宗教化される。

さて、ストア派の思想は、エピクロス派のそれとちょうど反対の極から出発する。ストア派はエピクロス派の到達点であった厭世観から出発する。ただしその厭世観は、エピクロス派のそれのような消極的で感傷的な厭世観ではなく、すこぶる積極的で理性的な厭世観――毅然たる世間否定である。その意味で彼らは、エピクロス派がキュレネ派の衣鉢をつぐように、同じ小ソクラテス学派たるキニク派をつぐものである。――世間の者たちはことごとく、愚昧と情欲と悪とに堕落している。頼るはただ自己のみ。この自己の内面に幸福を建設し、ここにも安心立命を得ようとし、またそれが可能であると説くのが、彼らの倫理説の根本である。

彼らは幸福をもって窮極の目標とした。このかぎり彼らはギリシア倫理の伝統をつぐものであり、またこのかぎり彼らの主張はエピクロス派のそれといささかも違わぬ。ただこの幸福にいたる道程において、ストア派はエピクロス派とまさに反対の極に立つ。すなわち彼らは、理性的自己に従う生活のみを、唯一の善にして賢にして徳にして幸なる生活と考えた。ここでまた、知性の重視というだけならば、これもすでにしばしば指摘したギリシア思想の伝統であって、とくにいうべきことはない。彼らストア派の特徴は、理性的自己の命令に従って行動すること、彼らの用語でいえば「よろしきにかなうこと」、これのみが必要にしてかつ充分と考えたことである。その他いっさいのものは、健康・名誉・生命・快楽・富裕もまたはその反対の病気・恥辱・死亡・苦痛・貧窮も、十把一からげに無差別にして無関心 adiaphōra とされたのである。彼らにとって一切は、ただ善か悪か、賢か愚か、ロゴス（理性）かパトス（情欲）か——いずれか一方であって、中間者をまったく許容しない二者択一 Entweder-oder のきびしい質的対立である。

ストア派はこのようなきびしい対立に出発し、堕落せる外なる世間を黙殺して、ひたすら内なる自己の自主自立 autarcheia をめざした。さて、彼らが二者択一のきびしい質的対立としたものは、第一に善悪の、第二に賢愚の、第三に理性・情欲の対立である。これら三組の片側ずつは、つまり善と賢と理性とは、また悪と愚と情欲とは、たがいに通じあうのであるが、これはギリシア思想の伝統たる幸・徳・知の一致の考えかたを引き継ぐといってよい。ただストア派では、これらが理論的に体系づけられるというより実践的に強調せられるのであって、ここに「ストイック」の名の示すようなきびしい克己禁欲が樹立せられるのである。

ところで、彼らの説くような、絶対に悪でなく愚でなく情欲をもたぬところの絶対の有徳者にして賢者にして理性者というようなものは、人間にあってどうにも望みうるものではない。

ここで彼らは、その出発した質的対立をしだいに緩和してゆく。

第一に、善悪対立の緩和である。彼らは絶対的な善悪のほか一切を無差別としたが、やがて無差別の領域が三つに染め分けられてゆく。すなわち、富裕・健康・名誉などの望ましきもの、その反対に貧困・病気・恥辱などの望ましからざるもの、そしてこのどちらにも入らない——これこそまったく無差別にして無関心なものの三つである。絶対的な善悪一点ばりだった立場から、相対的な善悪をもかなり大幅に認めることになる。

第二に、賢愚対立の緩和である。彼らは賢者をまったく無情欲とし、その幸福はゼウスにも劣らないとしたが、このような賢者はどうにも現実ばなれしている。また賢愚の間に程度の差を認めず、賢者はあくまでも賢者、愚者はあくまでも愚者としたが、これまた現実に反している。そこで両者の間に進歩と退歩とを認めることによって、対立は緩和されていった。

第三に、理性・情欲の対立の緩和である。情欲は節制するなどいうなまぬるいことでなく、いきなり撲滅するのが、つまり無情欲 apatheia が理想とされたが、これまたいかにも極端な話で、ここでもまたロゴスと調和しうべきよきパトス eupatheia を認め、さらにこれをいくつもの種類に分けることによって、この対立も緩和されていった。

以上は中ストアまでの形勢であるが、これはエピクロス派のたどった経路とちょうど逆である。エピクロス派は世俗をうべなうことにはじまり世俗をはかなむにいたるのだが、ストア派は世俗をなげうつことにはじまり世俗にちかづくにいたるのである。——そのストア派が、さらに帝政ローマの時代になると、よりいっそう通俗化するとともに、時代特有の無常と虚無を反映しながら、宗教的な色彩を帯びてゆく。

帝政ローマ　「ローマは一日にして成らず」——たしかに世界帝国としてのローマは紀元前後から語りはじめてよろしいが、すでに前五世紀、ローマはその伝説時代を脱して、七つの丘をもった人口十五万の都であった。そのローマが世界帝国となる端緒は、前三世紀における第一・第二のポエニ戦争（−264〜−241, −218〜−201）である。つづく百年ほどの間に、ローマの文化は急速に爛熟し、すでに頽廃のきざしすらみせる。農業国から商業国へのめざましい転換である。前二世紀後半には、心ある人々によって盛んに国粋運動が展開される。ユリウス・カエサル Julius Caesar（−100〜−44）の出現はこのときである。そのカエサルが暗殺されて後の、彼の養子オクタヴィアヌスと彼の友人アントニウスとの争いは、前者が、元老院と結んでローマ共和制の伝統——いわゆるS・P・Q・R（元老院ならびにローマ人民）——を守ろうとし、後者がエジプトの女王クレオパトラと結んでヘレニズムの風潮をとりいれようとしたことは、花やかな歴史の一頁である。このいわば西方ローマニズムと東方ヘレニズムとの争いは、アクチウムの海戦（−31）によって西方の勝利に帰し、それによって帝政ローマが成立したのだけれども、しかし「勝ったローマは敗れたものに征服される」(ホラティウス)のであって、ヘレニズムの奔流はとどむべくもない。

ローマはそれまでの版図とともにヘレニズム世界をそのまま引き継いで、史上空前の大帝国となったけれども、ローマ独自の文化といえば、それは実用的・技術的な領域に限られていた。すなわち土木建築(水道・橋梁・凱旋門・街道)と法律(ローマ法)においてはローマはだんぜんすぐれていたが、理論的・芸術的な領域においては――哲学・文学・美術においては、ギリシアの模倣の程度を出なかった。ヘレニズムの風潮を借りるほかなかったのである。だから、われわれはさきにヘレニズム時代を年代的に帝政ローマ時代と区別したけれども、ヘレニズムの風潮がローマ帝国の出現とともに断絶したわけではない。かえって同じ風潮は、より広大な世界を背景に、いっそうの拍車をかけられた。

倫理思想ないし倫理学についても、事情はまったく同様である。すでに指摘した諸派はそのままに引き継がれた。ただ、より通俗的になっただけのことである。ローマ帝政時代の最初の二世紀は哲学の流行期であった。歴代の皇帝・貴族・文学者たちは、ほとんど社交のエチケットのように、きそって哲学を求めた。哲学は当時の社交界において何よりの話題であった。だが、そのようないわば装飾としての哲学にしても、哲学はしょせん時代をうつす鏡である。帝政ローマ時代は、さきだつヘレニズム時代の不安と苦悩が、一転して奢侈と逸楽に流れたときといえよう。当時ローマの人口は百五十万、広大なる帝国の各地域から流入する富は無尽蔵であった。劇場・サーカス・浴場・競技場——人々の求めたものはもっぱら娯楽である。その娯楽も、尋常の刺戟ではだんだん満足できなくなって、それとしらずに残忍な娯楽になってゆく。ローマの暦は、もっともひどいときには(四世紀中葉)一年の半分が祭日であったという。

このような奢侈と逸楽は、もともと虚無と無常の結果であるとともに、より深刻な虚無と無常を誘いだす原因でもある。そのような無常観が当代の倫理思想を色濃くつらぬいている。ひとびとはもはや倫理的な幸福 Glückseligkeit を求めることをあきらめる。彼らはいまや宗教的な祝福 Seligkeit によって救われようと願う。三世紀の状況である。時あたかもキリスト教は、帝国内においてようやくその地歩を固めつつあった。

帝政ローマ時代——紀元から四世紀にいたる、この古代・中世の境界期における倫理思想を、われわれは新ストア派・懐疑派・折衷派について、および古代の最後の開花としての新プラトン派についてふれておこう。

古代末の諸学派　新ストア派には有名な人が多い。暴君ネロの教育係だったセネカ Seneca (—4〜65)、ネロの奴隷だったエピクテトス Epictetus (c. 50〜138)、そして皇帝マルクス・アウレリウス Marcus Aurelius (121〜180)——これらの人びとの所説には、もはやかつてのストア派にみられた峻厳はない。やるせない無常観だけを漂わせている。

懐疑派 Sceptics は——この時期にはじまったというのではなくピロン Pyrrhon (c. −365〜−275) にまでさかのぼるけれども、哲学の貧困な時期にはこの傾向はとくにめだってくる。この傾向とたぶんに親近なものが折衷派 Eclectics のそれである。この派もまたとくにこの時期にはじまったのではないが、本舞台は帝政ローマ期である。いろいろの傾向の長をとり短をすてるというと聞えがよいが、それはつまり何ら独創的なものをもたぬということの告白である。有名なキケロ Cicero (−106〜−43) などもしょせんは哲学的ディレッタントであった。

帝政ローマ時代の諸派に共通していえることは、もはやどうにも救いがたい虚無と無常の色である。哲学はかつてソクラテスがそうよんだように、しかしかなり違った意味で——「死の学び」 meletē thanatou となったのである。そして、袋小路に追いつめられた人々が何とかして脱出しようとしたとき、三世紀、新プラトン派 Neo-Platonism が有終の美を飾った。この派の祖プロティノス Plotinos (204〜270) は豊かなギリシア哲学の素養と、そして当時すでに滲透していたキリスト教の影響とのうえに、その独自の体系を築いた。

「流出一元論」とよばれるその体系は、ギリシア哲学にとっては終点であった絶対者——一者(ト・ヘン)とよばれ善とよばれ神とよばれたもの——を始点とする。彼はこの絶対者に、いかなる性質・形体・限界も、またいかなる思惟・意欲・活動も認めず、これを「根源的一者」

proton とよんだ。この「根源者」から、まず「精神」nous が、つぎに「霊魂」psychē が、さらに「自然」physis がつぎつぎに流出する。典型的な上からの哲学だが、ここで用いられている概念はすべてギリシア哲学の中心概念である。倫理学の問題は、この上からの体系を下からたどりなおすことである。——人間の「霊魂」はその感性的なものを浄化 katharsis して、理性的な「精神」に帰らなくてはならぬ。そして「精神」はさらに「根源者」と合一しなくてはならぬ。だがそれには超絶(脱我 ekstasis)が必要である。——霊魂の浄化・精神の脱我を説きながら、ギリシア倫理学の根本問題は、プラトンの四元徳にしても、アリストテレスの知徳・行徳の区別にしても、じつに巧妙に織りこまれている。

第六章　中　世

中　世　西洋史古代の終末は、東西ローマの分裂(395)、西ローマ帝国の滅亡(476)、古代アカデメイアの閉鎖(529)というような一連の事件において年代を区切ることができるであろうが、その古代の終末からルネサンスにいたるほぼ一千年間が中世としてとらえられる。

中世史をできるだけ要約していうなら――東方ユダヤの地に生まれたキリスト教が、末路にひんしたローマ帝国を足がかりとしてカトリック教会を築きあげ、その教会が新しく登場したゲルマン民族をどのように改宗せしめていったか、さらに、暴風のようにヨーロッパ世界を席巻したサラセン人に彼らがどのように対抗したか――の歴史であるといえよう。だから中世史を語るに当って、われわれは少なくとも三つないし四つの契機を指摘しなくてはならぬ。第一にはローマ帝国の末路、第二にはキリスト教の発展、第三にはゲルマン民族の移動、そして第四にはサラセン人の侵入である。修道院・教会・封建制・騎士道・十字軍、その他、中世をそれと特徴づけるさまざまの事件や制度や思想やは、すべてこれらの契機のからみあいのうちにこそとらえられねばならない。

原始キリスト教　キリスト教はいうまでもなくイエス・キリスト Jesus Christus（―4～c. 30）によって創められたが、キリストまたはメシア Messiah とよばれたものは、もともとはむしろ地上的なる意味での救世主であった。うちつづく亡国の憂目にあってヘレニズム世界に離散 diaspora したユダヤの民が、ヤーヴェ Jahve の神を信じながら、律法を守りながら、予言者の声をききながら、年久しく待望してきたものは、モーセがかつて約束したように（旧約）「選ばれた民」であるはずの彼らにダヴィデやソロモンの盛時を再現してくれるであろう人――その意味でのキリストであった。ところで、イエスはユダヤ人であり生涯その故郷を離れることはなかったけれども、彼の説教はけっしてユダヤ人のみをめあてにしたのではなく、当時のヘレニズム世界（ローマ帝国）を背景に、パレスチナの地に入りこんでいた異邦人をもわけへだてなく含んでいた。イエスはユダヤ民族の枠をつきやぶっていた。またイエスはキリストたることを自負してはいたが、それはユダヤ民族だけを地上的・政治的な意味で救うものとしてのキリストではなく、あくまでも精神的・宗教的な意味でのキリストであった。彼はモーセの旧約に対して新しい約束（新約）――神の国の幸福の音信（福音 euangelion）を人類に説いた。「カイザルのものはカイザルに、神のものは神に」という有名な言葉は、地の国と神の国との分離を、具体的にはカイザル（皇帝）の支配するローマ帝国と神の支配するキリスト教会との分離を明確に語っている。――キリスト教が、ユダヤ教を母胎としながら、民族宗教の枠を脱して世界宗教として栄える端緒がここにあった。

イエスのこの意図を引き継いだのが、パウロ Paulos (†c. 67)をはじめとする熱烈な使徒たちである。パウロの伝道の中心地は、後にキリスト教の聖地となるエルサレムではなく、またキリスト教を生んだパレスチナのどこでもなく、ヘレニズム世界の一中心たるシュリアのアンチオキアであった。そしてパウロはユダヤ人であったが、ヘレニズム的教養をつんだローマ帝国の正市民であった。——使徒たちの熱心な伝道によって、キリスト教はまず下層の人々に多くの信者をえた。

しかし、民族宗教が世界宗教にまで脱皮するには、ほぼ四百年の歳月とそして幾多のきびしい迫害をへなくてはならなかった。まずユダヤ民族自身がその選民思想を容易に捨てることができなかった。彼らの都エルサレムは神の国の首都たるばかりでなく、また地の国の首都でもなければならぬ。彼らはローマに反逆した。ローマ軍によるエルサレム陥落(70)でこのことは一応の解決をみたけれども、しかし政治と宗教との対立はこれですべてが解消したわけではない。それどころか、後に大きな問題となる皇帝権と法王権の争いも、しょせんはこの対立の複雑化でしかない。とりあえずキリスト教はローマ帝国と調和しなくてはならない。歴代皇帝はキリスト教の滲透のすすむにつれて、それが地上的な意味での世界征服となることを猜疑して、しきりにキリスト教を迫害した。迫害は一世紀には それほどでなく、 キリスト教の 地歩の固まった二世紀から激しくなる。

ながい苦難をへてようやく四世紀になって、コンスタンチヌス帝のミラノ勅令(313)によって、キリスト教ははじめて公教として認められた。さらにテオドシウス帝がキリスト教を唯一の公教としたことによって(394)、はじめてカトリック教会(Catholic〈katholou 普遍的・公共的)が成立した。ところでカトリック教会成立のあくる年は、すでにはやくもローマ帝国分裂の年でもあった。

原始キリスト教の倫理観　古代世界――ギリシア人・ローマ人がキリスト教に改宗したのは、ニーチェの用語でいえば「あらゆる価値の転倒」であった。古代ギリシアの倫理観とキリスト教のそれとは、それほど正反対のものである。ギリシア倫理が自己と現世とを肯定しそれの発揚をめざしているのにたいして、キリスト教倫理は自己と現世とを否定しそれの超克をこそめざしている。ギリシア人は、その自然の能力を十全に発達させることをもって人生の理想とした。キリスト教は自然なるものの死をもって、新しき超自然的なる人間の再誕をもって理想とした。イエスがバプティスマのヨハネとともに「悔改めよ、天国は近づきたり」というとき、「悔改め」とは「肉」sarx としての古き人間の死と、「霊」pneuma としてのよりよき新しき人間の再誕を意味する。入信は洗礼をもってはじまるが、洗礼はパウロによってイエスの十字架の死になぞらえられる。水の洗礼は血のそれにつながる。聖餐はイエスの肉を食い血を飲むことを暗示する。ギリシア人にとってはいわずもがな、ユダヤ人にとってすらも、瀆れたものであった「死」が、キリスト教にとってはごく親しいものになった。

ギリシア人が「徳」として数えたもののすべてが、キリスト教によっては否定されるか、すくなくも修正せられる。ギリシア人にとって最高の徳は理論的な知識である。ところがキリスト教にとっては、すくなくも原始キリスト教にとっては、知識は信仰のまえに何ものでもない。「心の貧しきものは幸なるかな」。——イエスに直接に従った者たちは、また最初のキリスト教信者の多くは、卑賤なる無学なるものばかりであった。実践的な徳についても、ギリシア人にとってそれは、感性をじゅうぶんに認めつつ、ただそれを野放しにせず、理性によって洗練することにあったといえる。正義は最も高く評価されたギリシア的徳であったが、正義は自分が不正をなさぬことともに、他人の不正を許さぬことでもあった。自分の持分・権利の断乎とした主張である。キリスト教のそれは、もっぱら自分が不正をしないことであって、他人の不正は「人もし汝の 右の頰をうたば左をも 向ける」のである。地上的な憤怒・憎悪・復讎・裁判——すべては拒否される。だからまたギリシア人が高く評価した自己主張の徳——勇気もキリスト教は忍辱におきかえる。節制の徳とは、ギリシア人にとっては、情欲の何たるかを心得て、適度に美的にそれを享楽することであった。情欲の抑制というより、むしろ感性の洗練である。節制とはむしろ教養の意味でもあった。だがキリスト教が節制というのは、もっぱら情欲の抑制である。それも「肉の悦び」(情欲)のみでなく、およそ「眼の悦び」(感性)すべてを、信仰のつまずきとして否定する。――以上プラトンの四元徳にしても、またたとえばアリストテレスが『ニコマコス倫理学』であげているような諸徳のどれ一つにしても、キリスト教はそれをまったく認めないか、または認めるにしてもギリシア人とは違った角度からであった。ギリシア的徳はしょせん「輝かしき罪過」と考えられたのである。

教父哲学　古代人がこうまで正反対のキリスト教に改宗していったのは、しかもそれが武力の脅威によってまた文化の優越によって強制的に改宗させられたというのではなくて、ただただみずからの意志によって自発的に改宗していったのは、たしかに史上まれにみる驚異である。ここにはすでにみたような、古代末期にみなぎっている宗教的な雰囲気を指摘しなくてはならない。キリスト教は、待たれていたのである。しかしそれとともに、キリスト教の側からいえば、ヘレニズム世界にその勢力を伸張するためには、まずヘレニズム的なるものをみずからのうちにとりいれること――ギリシア哲学をもってその教義を武装すること――が必要であり、ひるがえってはキリスト教こそが拠るべき唯一の真理であると示す必要があった。一言でいえば、まず信仰に知識をとりいれる努力であり、つぎには信仰を知識にしたてる努力である。

前者がグノーシス派（gnōsis 信仰的知識）の、後者が教父哲学 Patristics の仕事であった。――その教父哲学の大成者がアウグスティヌス Augustinus (354～430) である。

アウグスティヌスは、はじめからすなおにキリスト教に帰依した人ではない。異教徒を父としキリスト教徒を母としてアフリカに生まれたこの人は、カルタゴに遊学して法律学と修辞学を修め抜群の成績を示したが、青年時代は放縦に身を任せた。カルタゴからローマ、そしてミラノ――肉欲の誘惑と真理の探求との板ばさみを苦しみつづけた青年教師は、一日、隣家の童女がうたう「取りて読め、取りて読め」のくり返しを神の声ときいた。手にとるままに開いたパウロのロマ書の数行が、一切の過去を絶って、この日以後、彼はまったく神に従って歩む人となった。あくる年、三十三歳の彼は受洗し、教師をやめて帰郷する。彼の後半生はヒッポの司教として、南方教会を指導する最大の教父であり、そして第一級の哲学者であった。アウグスティヌスは中世一千年の根本思想である。

彼の問題はすべて神に発し神に終る。――神は一切を創造した。そして、神の創造にかかる一切のものは善である。そのかぎり、自然も善であれば、人間も善である。にもかかわらず、この世にはもろもろの悪が充満している。とすれば、悪はどこからくるのか。悪は至善なる神に起因するはずはなく、また、神の創造したそのままである自然にも起因するはずはない。ところで、自然は創られたままの自然であるのに対して、人間は神の深き恩寵によって神の似姿

imago Dei として創られ、もともと神だけのものである自由意志 voluntas を与えられている。人間が神によって創られたことをわきまえ、その意志の自由も神の恵みによってそうであることをわきまえて、神に従順であるかぎりは、悪はなかった。悪は、原人アダムとイヴが与えられた自由をはきちがえて、傲慢にも神に反抗したことにはじまる。この原罪 Erbsünde のゆえに、アダムの裔である人間は、その自由意志を蝕まれ、悪への習性を宿している。悪とはいわば自由意志の病気なのであって、しかもその自由意志はもともとが神の恩寵によって与えられたものなのだから、この病気は神の今ひとたびの恵み——第二の恩寵によってしか救われない。ところでこの恩寵を与えるかどうかは、まったく神の意志による。神が意志しないかぎり、人間は救われない。しかも、全知全能の神は、救うか救わないかの一切をはじめからはっきりと決定している(予定説)。人間の努力でどうなるものでもないが、しかし地上の人間としては、まず神につながる教会に入門することが、悪から救われるための第一歩である。

ペラギウス Pelagius (c. 360～c. 440) との有名な論争も、その焦点は右の自由意志論にあった。ペラギウス一派が、人間の意志のすべてが神によって決定せられているのではない(非決定論 Indeterminism)としたのを異端としてしりぞけ、アウグスティヌスは断乎として決定論 Determinism をとり、それがカトリック教会の支柱となった。——しかし、人間の意志がこのようなものであれば、この善き行為もあの悪しき行為も、すべては人間の神からの堕落(原罪)による罪の大洋の一滴になぞらえられるわけで、残るはただ、けだるい諦めの気持だけであろう。自らの努力によって幸福をかちとることが無意味となれば、当然の結果として外形的な儀礼の墨守のみが、教会へのご無理ごもっともな従順のみが、倫理的な同時に宗教的な生活のすべてとなる。

さて、有名な『神国論』はキリスト教の弁証のために書かれた。キリスト教が唯一の公教と認められたその翌年に、ローマ帝国は東西に分裂し(395)、それからわずか十五年、永遠の都ローマはゲルマン人の攻掠するところとなった(410)。人々はこれを古き神々の怒りとみて、キリスト教を非難した。その非難に対する弁証である。――神の意志の実現される永遠なる神の国 civitas Dei と、そして悪魔と罪悪の支配する一時的なる地の国 civitas terrena と。人類史はこの両者の抗争であって、神のまえに神の国の勝利が決する最後の審判までつづく。アダムの楽園喪失、ノアの洪水、アブラハム、ダビデ、バビロン幽囚、キリスト降誕――人類史はいまや神の審判を待つ第六日である。神の国と地の国との抗争はつづいているが、最後には神の国が勝つ。神の信仰 fides と永生の希望 spes と神への至愛 caritas が人間の幸福を示す三つの徳である。

暗黒時代　アウグスティヌスがそのように説いたころ――さしも広大を誇ったローマの世

界帝国はついに東西に二分した(395)。以後、東と西とでは、その興亡の歴史もまるきり違っている。すでに異質の東と西とが、帝国の権力によって無理に一つになっていたので、この潜在する分裂がようやくあらわになっただけのことである。すなわち、東はもともとギリシア的・東方的であり、西はもともとローマ的・西方的であった。そして、東ローマ帝国が――ローマの名がまぎらわしければ、むしろ首都コンスタンチノポリスの古称をとってビザンツ帝国といってもよい――十五世紀中葉ついにオスマン・トルコに滅されるまで(1453)、途中幾多の変遷はありながらも、ともかくに一千年以上にわたるながい命脈を保ちつづけたのに対して、西ローマ帝国は――ローマを首都とし正統な帝国の後継者でありながら、分裂後わずかにしてゲルマン民族に侵され、百年とたたぬ五世紀後半(476)はやくも帝国としての生命を終った。

ローマ帝国の分裂はいろいろの意味で注目すべき事件である。――西洋史の檜舞台は、古代にあっては南欧であった。それが、今われわれの語っている中世を通じて、西欧にうつる。近代史はあくまでも西欧のものである。ところでその近代の末期に、ようやく東欧が(とくにロシアが)舞台に参加する。近代末にようやく合流する西欧史と東欧史の分岐は、すでに東西ローマ帝国の分裂にはじまるといえよう。東ローマ帝国はいわゆるビザンツ文明の花を咲かせて、帝国としてのながい命脈を保ったけれども、それはしょせん局外者の平和だった。西ローマ帝国がいちはやく帝国としての生命を終ったのは、嵐の渦中にいたからのことで、この嵐によっていわゆる「暗黒時代」が示現しても、やがて輝かしい「ルネサンス」の曙光がさすのは、かつての西ローマ帝国からである。

キリスト教が原始キリスト教から中世キリスト教に変ってゆくのも、まさにこの時期の西ローマ帝国においてのことであった。法王の出現は六世紀末のできごとである。(グレゴリ一世590〜604)。「カイザルのものはカイザルに」――原始キリスト教にとって「国家」はただかりそめの旅人として消極的に交渉すべきものにすぎず、それに対して彼らが毅然として唱道したのは「教会」であった。彼らは積極的には「教会」の成員なので、消極的にのみ「国家」の成員であった。だから、彼らはまず幾多の迫害にあいながらも、消極的にでよいから「国家」に受け入れられることを望んだので、「国家」を乗っ取る気は毛頭なかった。ところでカイザル(皇帝)なきあとのローマにたった法王は、「教会」の権威を背負いながら「国家」にも権力を振うものであった。

さてまた同じ時期はゲルマン民族の移動期にも相当する。彼らがアルプスを越えて世界史の舞台にあらわれるのは、さかのぼれば前四世紀ころからのことであるが、それは概して平和的なもので、ローマ帝国内で彼らは農奴として農兵として同化していた。その彼らが大規模にそして暴力的に侵入をはじめるのは、四世紀後半からのことである。いわゆるゲルマン民族の大移動はだいたい三つの波を指摘する。第一波は四世紀後半から五世紀前半、第二波は六世紀中葉、そして第三波はもっとも大規模で九世紀から十二世紀にまたがり、あとは十字軍時代に引き継がれる。

ところで十字軍を語るためには、これもひきかえして同じ時期に——ゲルマン移動の第二波と第三波との中休みに、暴風のごとくヨーロッパを席巻したサラセン人(東方人)を語らねばならぬ。思うにゲルマンの移動は、直接間接に東方民族の動きとかかわっている。それら東方民族のひとつアラビアから、民族的英雄マホメット Mahomet (Muhammad)(570～632)によって回教 Islam (帰神の意)が起った。マホメットの志をつぐカリファ Khalifah (後継者の意)たちによって「剣とコーラン」の旗印のもとに、回教世界は疾風迅速に拡大された。八世紀には西はイスパニアから、アフリカを迂回して、東は中央アジアに及んだ。彼らはダマスクスを首都としメッカを聖地として、大いにヨーロッパ世界をおびやかした。八世紀後半から、この広大な回教世界は、イスパニアのコルドヴァ、メソポタミアのバグダッド、エジプトのカイロを中心に三つの王国に分れた。やがてマホメットの正統の後継者カリファの勢力はうすれて、もともとトルコ人の傭兵隊長スルタン Sultan (強者の意)に引き継がれた。

さて、このようにしてわれわれが語っている年代——五世紀半から九世紀末ないし十世紀にかけて、中世的なものを転がしてゆく役者たちが勢揃いする。ローマには帝国の政権にかわって、法王の教権が据えられた。ゲルマン民族はほぼその地割りを終って、それぞれの場処に落着いた。サラセン人は暴風のように回教世界を示現して、ヨーロッパをおびやかした。——あまりにも多事である。社会は荒廃し、学芸は衰微せざるをえない。いわゆる「暗黒時代」であるが、しかし、この煉獄をくぐってはじめて、中世的なものが、さらにそれをこえて近代的なものが成長してゆくのである。

ローマ教会と封建制度　中世的なものといえば、それを代表するのはローマ教会と封建制度であろうが、この二つのものはけっして無関係ではない。ローマ教会を支えているのは中世キリスト教であり、封建制度を支えているのは中世ゲルマン人である。ここでわざわざ「中世」とことわるのは、それがすでに古代のキリスト教・ゲルマン人ではないからである。そして、中世キリスト教と中世ゲルマン人の形成のためには、どちらの場合にも、末路のローマ帝国が媒介の役をつとめている。だから中世キリスト教・中世ゲルマン人とは、一言でいえばローマ化されたキリスト教でありローマ化されたゲルマン人である。これによって支えられたローマ教会と封建制度とが、共通の特色として固定した身分の上下系列——階序組織 hierarchy を指摘できるのは、その階序組織がローマ帝国の特色である以上、しごく当然のことである。

もっとも、ローマ教会と封建制度とでは、その階序組織の意味はかなり違ったものといわねばならぬ。キリスト教の教義からいえば、人は神の前にすべて平等のはずで、ローマ教会における法王から司教をへて祭司にいたる階序というようなものは、あきらかな矛盾とこそいうべきであろう。教会の完全な世俗化である。そして、階序の最高に位する法王は、口先でこそ「神の僕の僕」といいながら、神聖ローマ帝国を成立させて以来は(800)、皇帝権をも左右する地上最高の権威と権力とを掌握したのである。それはもはや原始キリスト教の精神を遠く離れたものであった。教会はもはや人々の自発的な入信を待つ宗教修行の道場ではなく、人々を強制的に加入させる宗教行政の機関である。そこで、かつての教会の意味を生かすものとして、宗教修行の道場としての修道院 monastry がこの時期に登場する。はやくは六世紀のベネディクト教団(529)、とくに十世紀における法王庁の腐敗と堕落(いわゆる娼婦政治 Pornocracy)、つづく十一世紀における宗風革新運動の波に乗って、十三世紀におけるフランチェスコ会(1209)ドミニコ会(1215)両団の成立などである。

　封建制度の場合には、階序組織には素地があった。だいたい封建制度とは、ゲルマン的な主従誓約 homagium とローマ的な小作制度 beneficium との結合であって、主従関係を所領 feudum によって裏づけることに成立する。大移動を終ってそれぞれの地域に落着いたゲルマン人は、西ローマ帝国の衰微に乗じて、かつての西ローマ帝国の版図内にそれぞれの彼らの国家を建設した。その際に彼らは封建制度をとったのであって、土地との結びつきとともに騎士・自由農・隷農の階級がしだいに固定してゆく。それら封建国家のうち最有力だったのがフランク王国で、そのフランク王国のカール大帝が法王により加冠せられたことがきっかけとなって、やがて神聖ローマ帝国が成立したわけである。この神聖ローマ帝国において、ローマ教会と封建制度とは合一するわけであって、だから神聖ローマ帝国一千年の曲折にみちた歴史は、思想史上の大きな興味である。それは、ゲルマン人の「国家」とキリスト教の「教会」とが、たがいに他をみずからのうちに包もうとした歴史である。

このようにみてくるとき、ローマ教会と封建制度とは「中世」とよぶ同一の楯の両面である。そして、それらの代表がそれぞれに僧侶と騎士である。僧侶と騎士とは、国境をこえた世界的な階級であった。彼らは上位なる者としての誇りに生きた。そのゆえにまた彼らは、みずからを戒める掟を守った。僧院における服従・清浄・清貧の三誓、騎士道 chivalry における信仰・忠君・侠気・名誉の掟などこれである。

スコラ哲学　さて、中世の知的生活を支配したのはキリスト教であるが、原始キリスト教の基礎づけが教父哲学によってなされたとすれば、中世キリスト教のそれはスコラ哲学 Scholastics によってなされた。九世紀にはじまり十三世紀をもって最盛期とし十四世紀を末期とするスコラ哲学とは、もともと「学校」schola で教える学問の意味であるが、その「学校」とはすべてキリスト教関係のそれであったから、つまり教会公認の学問というわけで、その課題はけっきょく信仰の理論づけというにつきる。信と知の調和はすでに教父哲学の課題であったけれども、そこではまだ「信」のほうがどこまでも大切なので「不合理なるがゆえに信ずる」Credo quia absurdum est（テルトリアヌス Tertullianus, 150/160～220）という態度であったが、スコラ哲学ではもっと「知」が勝ってくるので「知ろうがために信ずる」Credo ut intelligam（アンセルムス）という態度になる。信と知がならびたつことになるわけである。

倫理学については、とくに自由意志論に注目できるかと思う。すでにみたように自由意志の論争はアウグスティヌスとペラギウスのそれにはじまり、アウグスティヌスの決定論が圧倒的な勝を占めたのであったが、スコラ哲学においては——まず初期にはやはり決定論が勝っているのだが、盛期には決定論・非決定論が伯仲し、やがて末期にはむしろ非決定論が勝ってくる。

「スコラ哲学の父」といわれるアンセルムス Anselmus of Canterbury (1033～1109) が「我れは信じて知る」——もとはアウグスティヌスのことば——というとき、彼は信仰が認識に先行すべきことを告げる。まず信仰をもって、そして認識に向うのである。信仰も認識も二つながら大切ではあるけれども、真の認識ができぬものには謙虚な畏敬 veratio でもじゅうぶんである。

エロイーズとの不遇な恋で通俗的にもたいへん有名なアベラール Pierre Abélard (Petrus Abaelardus) (1079～1142) は、中世において倫理学を独立した書物で論じた最初の人である（『倫理学、汝自らを知れ』Ethica, Scito te ipsum）。彼の倫理学は道徳の目的としての最高善を示すにあったが、最高善そのものは神とせられ、人間にとっての最高善は神への愛とせられた。彼によれば、道徳的に善か悪かは外的な行為によってきまるのではなく、内的な意向——霊魂の志向 intentio animi によってきまる。だから、生まれつきの悪癖というようなものは罪とはならない。悪と承知しながら良心 conscientia に反して行為しようとする意向、それを神が侮蔑するから罪なのである。アウグスティヌス流の原罪悪はここではせいぜい原過失と考えられた。意志の決定論はよほど緩和せられたといってよい。

さて、十二世紀半ばまでのスコラ哲学の支柱はアウグスティヌス、またギリシア哲学の系譜をさかのぼればプラトンであったが、十字軍の影響によって久しく忘れられていたアリストテレスが大きく登場してくる。西方ですっかり忘れている間に、アリストテレスは東方のアラビア人・ユダヤ人の間で大いに研究されていたのである。アリストテレスの全著作が逆輸入されたのは十三世紀半ばのことであるが、以後スコラ哲学はアリストテレスを支柱として全盛を誇る。

全盛期のスコラ哲学を代表するのはトマス・アクィナス Thomas Aquinas (1225/7～1274) である。彼の倫理学はけっきょくはキリスト教倫理を説くのであるが、そのためにはアリストテレス・アウグスティヌスが豊かに吸収せられている。彼は人間を理性的で社会的な動物 animal rationale et sociale としてとらえた。そして、理性的動物として道徳が、社会的動物として法律が問われる。——道徳は理性的動物の神への運動 motus rationalis creaturae ad Deum である。神の善に向うことが人間に課せられた道徳的な義務 obligatio である。ところで義務とせられるのは、人間の意志が善に向うか否かの自由 libertas をもっているからのことで、もし人間の意志が神によってまったく決定せられているのであれば、善に向うことは必然(いやおうなし)であって義務(すべきこと)ではなくなる。人間は良心によって神の永遠の法 lex aeterna を知り、善と悪とを区別する。徳とは善なる行為をなす霊魂の習性 habitus animi である。彼はアリストテレスに従って知徳・行徳の区別をたてたが、けっきょくは諸徳をプラトンの四元徳にまとめてこれを自然的な徳とよんだ。そしてこの自然的な徳の上に神学的な徳として、アウグスティヌス以来の三元徳を加えた。智恵・勇気・節制・正義・信仰・至愛・希望、あわせてキリスト教の七元徳である。——さて、人間は理性的動物たるとともに社会的動物であるから、個人の善とならんで共同の善 bonum commune を求める。共同の善は社会の法律において生かされる。法律は神の永遠の法の写しである自然法 lex naturalis によらねばならぬが、人間は暫定的に実定法をつくっている。実定法はより完全なものになるためには、まず教会法をよりどころとしなければならない。このような考えかたで、彼はその国家哲学を説いた。

　スコラ哲学の代表者トマスの見解を教父哲学の代表者アウグスティヌスのそれと比べるとき、

根本の方向にそれほどの違いはないが、しかし、アウグスティヌスにとっては人間のすべての決定者であった神が、トマスにとっては人間の理性の協力者という線まで後退している。

スコラ哲学は、キリスト教の信仰とギリシア哲学の理論との、しょせんは無理な結合である。十三世紀を峠として十四世紀になると、スコラ哲学は急速に没落する。ドンス・スコトウス Johannes Duns Scotus (1274~1308) やウィリアム・オッカム William Occam (c.1300~c.1349) の名をあげておこう。末期のスコラ哲学は、人間の意志によりいっそう自由を認めて、非決定論の立場をとった。

十字軍時代　スコラ哲学が栄えた十二・十三世紀は十字軍 Crusade の時代であった。十字軍のきっかけは、サラセン(セルジュク・トルコ)によって占領された聖地エルサレムを回復することであったが、この聖地回復の意図が生きているのははじめのうちだけである。十字軍は大きなものだけでも七回派遣せられているが、第四次十字軍からあとはもうはじめから聖地をめざしてはいなかった。このようにして、聖地回復という最初のたてまえからいえば、十字軍運動はまったく竜頭蛇尾というほかはないが、しかしこの運動を通じて中世的なものはすべてみごとに開花するのであって、ローマ法王がその絶大な権力を駆使したのも、騎士道が封建制の花と謳われたのも、この時期のことに属する。とともにこの時期は、また近代の胎動期でもあった。それを何よりよく示すのは、十字軍の渦中にあった西欧とその圏外にあった東欧とを比べるとき、東欧が少なくも数世紀だけ西欧にたち遅れている事実である。

直接には十字軍に船舶を提供することから、間接には十字軍運動によって開かれた東西交易を背景として、イタリア・南フランス・東イスパニアの海港都市が急速に発達した。これらの都市は特許状 Charta によってその自治を確認されて自由都市となり、そうした自由都市同志がしきりと都市同盟を結集した(ロンバルド、ライン、ハンザ同盟など)。こうした都市を背景に、僧侶・騎士とならんで第三の階級――市民が新興する。ギルド Guild (組合)は彼らの自治組織である。ゴチック様式の尖塔はロマネスク様式に対して、都市の自由を象徴するものであった。――オックスフォード、ナポリ、ケムブリッジ、パドゥア、ローマ、ソルボンヌ、リスボン、ハイデルベルク、ライプチヒ大学など、「諸学の綜合」universitas literarum をめざす大学が、まず伊・仏・英・葡などの各地では十二・十三世紀に、独ではややおくれて十四世紀にまず南独から、あいついで創立せられるのもこの時期である。

十字軍時代はただちにルネサンスにつづく。

第七章　ルネサンス

ルネサンスとレフォルマチオン　近代の扉はルネサンスとともに開かれた。ルネサンスはあらゆる近代的なものの誕生期である。近代的な国家が、個人が、自然が、世界が発見されたのはすべてこの時期に属する。

中世において教会が占めていた地位に国家がとってかわるのは、さかのぼれば十二・十三世紀の十字軍時代がきっかけになるであろうが、近代国家の形成期といえばとくに十五世紀である。十字軍時代を峠として、必然的なまた偶然的な事情がかさなって、中世的なものの崩壊は顕著であった。そして近代国家の形成は、その中世的な色あいのもっとも濃かったところ、つまり教会の威信がもっとも強力に働き封建制度がもっとも栄えたその同じ場所から、というのはよきにつけあしきにつけ十字軍とのかかわりのもっとも深かった国々から、すなわち主として西欧におけるローマ化しキリスト教化したゲルマン人の間からであった。まずイタリアが、つづいてフランスとイギリスが、またイスパニアが、ややおくれてドイツが近代国家として登場する。すべて主として十五世紀のことである。

近代国家としての登場に先達をつとめたイタリアから、とくにメディチ家の治めるフィレンツェからルネサンスははじまった。ダンテ、ペトラルカ、ボッカチオの活動は十四世紀。ギリシア原典の研究が盛んになったのは十五世紀前半。ダ・ヴィンチ、ラファエル、ミケランジェロの輩出したルネサンスの花は十五世紀後半から十六世紀前半のことである。――ルネサンス Renaissance は周知のように「再誕生」の意味である。それはキリスト教会以前の古代学芸の再誕である。この意味が直接に生きるのは、現実に古代学芸の栄えたその同じ場所でなくてはならぬ。イタリア・ルネサンスはまさにそれであった。これに対して、アルプスを越えた北側では、同じような運動はあっても、「再誕生」の意味は間接であった。だから狭い意味でのルネサンスは、イタリアの「文芸復興」を指すのである。

アルプスの北側では、同じような運動はむしろレフォルマチオン Reformation としてあらわれた。「宗教改革」と訳されるこの言葉は、文字どおりには「再形成」である。それは中世キリスト教を原始キリスト教の素朴な精神で形成しなおすことである。教会の堕落は久しいことであり、革新の運動は十字軍時代の末期からしきりと行なわれてはあえなくも鎮圧されてきた。仏のアルビジェンス運動(1209～29)をはじめとして、英のウィクリフ John Wycliffe (1324～1384)、独のフス Johann Huss (1369～1415)、伊のサヴォナロラ Girolamo Savonarola (1452～1498)の運動などすべてそれである。これらの先駆者をまって十六世紀の前半、とくにルッター、カルヴィン、ツヴィングリというような人々によって、宗教改革は一応の成功をみせた。だがこうして成立した新教は、はじめはあまり振わなかった。まずルッター派とカルヴィン派の争いのごとき内輪もめが深刻で、なかなか一本にまとまらない。また新教は儀礼の廃止があまりにすぎて宗教としての有難味がうすく人気がわかない。これに対して旧教は、あるいはソルボンヌ大学にドミニコ派の僧を結集したり、あるいはトレントの宗教会議(1545)を開いたり、またジェスイト協会 Societas Jesu (1540)を創ったりというふうに、内部よりする改革を真剣に実行して固く一本にまとまった。そんなこんなで、宗教改革はその揺れ返しともいうべき反動改革 Counter-reformation をもともなって、まことに複雑な姿をみせる。

反動改革の影響をもっとも深刻に受けたのはイタリアである。イタリア・ルネサンスが十六世紀前半までで足踏みして、同世紀の後半以後からはむしろ逆行のようすをみせるのはこのゆえである。すなわち、ローマ法王の君臨するカトリック教会は、旧教を奉ずる大勢力イスパニア——王室の姻戚関係で十六世紀初頭からオーストリアと合併——と結んで、不幸な反動の時期を実現した。時代の先覚者たちが、異端のゆえをもって教会から迫害されたのはこの時期である。ブルノーが、カムパネラが、ガリレイがそうであった。これらの人々の不遇の死はじつに十七世紀前半のことである。これを一世紀前の同じイタリアの、たとえばダ・ヴィンチに与えられていたほどの思想の自由と比べてみよ。あきらかな逆行である。また、これを同じ時期のアルプスの北の国々、ことにレフォルマチオンが健全に進行した国々と比べてみよ。F・ベーコンやデカルトが近代哲学の礎をきずいたのは、同じ十七世紀前半である。世界史の舞台は南欧から西欧に移った。

春の潮のごとき十五世紀イタリアのルネサンス、秋の霜のごとき十六世紀ゲルマンのレフォルマチオン——ルネサンスとレフォルマチオンをそのように区別した上で、レフォルマチオンをも含んだ広い意味でのルネサンス——ヨーロッパのルネサンスは、あらゆる意味で近代的なるものの誕生期である。「人間と世界の発見」とは、ブルクハルトの有名な表現であるが、「人間の発見」とは、この時期のものであるヒューマニズム(人間主義) Humanism にみられるような近代的な個人の発見であるとともに、新しい法律・政治思想に裏づけられた近代国家にみられるような近代的な社会の発見でもある。「世界の発見」とは直接にはいわゆる地理上の発見による近代的な世界の発見であるとともに、新しい自然科学による近代的な自然の発見でもあった。——これらのものは、そのどれ一つとて、それだけをきり離して論ずることはできない。あいよりあいまって、ヨーロッパのルネサンスを推進したのである。

近代的な個人の発見　この角度からルネサンスの思想史をながめるとき、われわれはまずヒューマニズム(人間主義)に注目すべきであろうが、ヒューマニズムはとくに十六世紀のゲルマン人にみられる運動である。中世的な教会と封建制のきずなから人間を解放し、自然のままの人間として、現世的な教養につとめる――このヒューマニズムの精神に先駆するものが十五世紀イタリアの古典復興であり、帰するところは同じでありながら、よほど異なった道をとるのが十六世紀ゲルマンの宗教改革である。

十五世紀のイタリアでギリシア原典の研究が盛んになったことについては、およそ二つの理由があげられる。一つには、スコラ哲学が十三世紀を峠としてようやく凋落したが、それにかわるべき新しい学がまだ出現していないこと。一つには、十四世紀末から十五世紀にかけて、西欧からはほぼ駆逐されたサラセン人(オスマン・トルコ)が鉾先を転じて東ローマ(ビザンツ)帝国をしきりにおびやかし、同地のギリシア人が難を逃れて多くイタリアにやってきたこと。こうした亡命客のひとりであるプレトン Georgios Gemistos Plethon (c. 1355~1450)が、フィレンツェでメディチ家の保護のもとに古代のアカデメイアをほぼ千年ぶりに復興し、ここで久しく忘れられていたプラトンが(とくに新プラトン主義の立場からであったが)研究されるようになった。それとともにアリストテレスも、あれほどスコラ哲学の支柱でありながら、じつはその形而上学と物理学のみが注目されていたのであるが、ポンポナティウス Pomponatius (Pietro Pomponazzi) (1460~1524)などによって、見落されていた部分も再研究されることとなった。こうした機運のもとにヴァラ Lorenzo Valla (1408~1457)はエピクロスの倫理学を復活した。

——こうした古代哲学の再興は、つまり自然のままに人間をみる倫理観の復活であった。

十六世紀のヒューマニズムは同じ地盤のうえに立っている。しかしヒューマニストたちが、その洗練された高い知性をもって周囲を見渡したとき、そこには頑迷な教会と粗野な大衆とがあった。そこで、彼らは諷刺とそして懐疑の態度をとらざるをえない。エラスムス Desiderius Erasmus (1467～1536) の『痴愚礼讃』Encomium Moriae にみられる諷刺、モンテーニュ Michel de Montaigne (1533～1592) の「我何を知るや」que sais-je? の懐疑がこれである。彼らの諷刺と懐疑は、まず中世的なるものの残留に向けられた。

さて同じ時期の宗教改革の運動は、中世的な教会への反抗である。そのかぎりにおいて、それはヒューマニズムの運動と方向を同じくする。宗教改革ははじめ、ヒューマニストたちに好意をもって迎えられた。ところが、宗教改革者たちの反抗は中世的な教会へのそれではあったけれども、しかしそれは教会のあまりに合理的にすぎる教義と、そして一方あまりに世俗的にすぎる奢侈への反抗なのであった。わずらわしい儀式と神学とで武装した中世キリスト教は、理性と権威をふりかざしながら、じつは単純で生き生きとした原始キリスト教の信仰を窒息させているのだという確信である。一方また、ルネサンス的教養をうけた教会幹部たちの、あまりに世俗的で貴族的な享楽と奢侈の生活にたいする反感である。彼らの仕事はむしろ、ルネサンス的教養にさきばしっている人々を、素朴なる信仰にひき戻すことであった。ここにいたって、現世的な教養をたてまえとするヒューマニストたちは、宗教改革に寄せた期待を裏ぎられて、袂をわかたざるをえなかった。

宗教改革の立役者は、周知のように、ルッター Martin Luther (1483～1546)、カルヴィン John Calvin (1510～1546)、ツヴィングリ Ulrich Zwingli (1484～1531) の三人である。この三人はその性格からいってもその影響からいっても、かなり違ったものをもっている。ルッターを常識ある律僧とすれば、カルヴィンは学識ある論客であったし、ツヴィングリは政治力をもった俗人であった。——十字軍時代このかた財政の窮乏を補うために、教会は十分の一税というような悪税を設けたり、また金銭をもって罪悪をあがなう免罪符 indulgentia を濫発したりした。ルッターがその免罪符を真向から攻撃して、九十五カ条の抗議をウィッテンベルクの寺門に堂々と掲げたことから、宗教改革は爆発した(1517)。免罪符への反対に端を発した運動は、やがて法王の命令への反対、さらに宗教裁判の否定へとすすみ、ついにルッターにとって聖書のみが最後のよりどころとなった。——カルヴィンがジュネーヴで宗教改革ののろしをあげたのもそのころである(1536)。彼を慕って諸国から留学生がジュネーヴに集まり、やがて彼らが諸国の新教運動を指導した(ピュリタン・プレスビテリアン・ユグノー)。——ツヴィングリは前二者ほどの大きな影響力はもたない。その運動はスイスのチューリヒを中心とした地方的なものであった。

さてこうして宗教改革を通じて、カトリック・旧教にたいしてプロテスタント・新教が育ってゆく道は、しかし必ずしも平坦ではなかった。まずアウグスブルクの宗教和約によってルッター派（福音派）のみが公認せられたが（1555）、それよりほぼ百年たったウェストファリアの和約（三十年戦争の結末）によって、はじめてカルヴィン派（革新派）は公認せられる（1648）。そして両派が新教として合同するのは、宗教改革の開始から三百年の後である（1817）。――ながい荊の道であった。むしろ今われわれが語っている時代としては、反動改革の方がよりきわだっている。旧教はむしろ宗教改革をきっかけに、きびしい自己反省によって、かえってその衰運を挽回したとすらいえよう。だが、その反動改革のあおりをくったイタリアは、せっかくさきがけたルネサンスの気運を逆転して、すでにふれたように、力量ある先覚者をあだに犠牲にして、時代の進運に数世紀立ち遅れる。その汎神論のゆえをもって、ローマで焚刑せられたブルノー Giordano Bruno (1548~1600)。信と知との分離を語り、「書かれた経典」（聖書）codex scriptus の啓示と「生きた経典」（自然）codex vivus の研究をならび説いたがゆえに、その著ほとんど獄中の執筆なるカムパネラ Thomas Campanella (1568~1639)。

こうみてくるとき、宗教改革のながい荊の道は、また近代人発見の道といえよう。そしてそのかぎりは、それはヒューマニズムの道と、帰するところはまったく同じである。

近代的な社会の発見　近代的な社会は、中世的な社会が栄えそして崩れる——その同じ場所に育った。すなわち、ローマ教会と封建国家が衰えたあとから、近代国家は芽生えたのである。主としてそれは十五世紀のできごとであったが、さかのぼれば十字軍時代からの趨勢であった。

イタリアは久しく神聖ローマ帝国とローマ教会の板ばさみになっていたが、前者が十二・十三世紀に後者が十四世紀に衰微するとともに、表面は皇帝派と法王派の党派争いを通じて、さかんに独立運動をくりかえしてきた。場面を収拾するために登場したのがデスポット Despot（執政）である。デスポットは後には専制君主を意味するようになるが、もともとは市民の総意によって選出せられ交替せられる執権職である。さて、有力なデスポットのもとに、ローマ・フィレンツェ・ヴェネチア・ミラノ・ナポリの五大国が、あたかも古代ギリシアのポリスのように併立したのが、十五世紀イタリアの状況である。そしてメディチ家の治めるフィレンツェからルネサンスが開花したのは、すでにみたとおりである。ところが、こうして近代化のさきがけをしたイタリアは、十六世紀前半のイタリア戦役（1495〜1544）によって列国の干渉をうけ、ついに旧教国イスパニアの勢力下に入ってしまう。

フランスの前身はフランク王国であるが、有名なノルマン・コンクェスト Norman Conquest（1066）以来、英仏両王室の交流が複雑な両国関係を生んだ。百年戦争（1339〜1453）がその決算である。かくして十五世紀後半は、戦争の後始末をしながら、近代国家として育ってゆくときであった。事情はイギリスにあってもまったく同様で、百年戦争を境にその前と後とでは、政治・宗教・学問がすべて一新せられた。ちなみに、有名な黒死病の大流行は十四世紀中葉(1347〜1351)のことで、ヨーロッパの人口は全体としてその四分の一を減じ、イギリスについてはじつにその半数を失ったといわれる。

イスパニアははやくからサラセン侵入の防壁であったが、十字軍時代を通じて、小国が群立しながら南方にひろがった。十五世紀後半にいたって、サラセンの置土産のグラナダ王国を討滅して、イスパニア王国を成立せしめた(1492)。コロンブスの新大陸発見の事業は、この王国の支援によるものである。十六世紀前半、イスパニアはオーストリアのハプスブルグ家との婚姻によって、当時にあって最大の帝国となった。

ドイツはもっともおくれた。十二・十三世紀の十字軍時代において、神聖ローマ帝国の皇帝権は衰微し、諸侯が割拠する形勢となり、また強力な都市同盟(ハンザ)が結成されたりして、国家としての統一がない。十五世紀中葉、皇帝権はオーストリアのハプスブルグ家に固定することになったが、同家とても一地方の有力な領主たるにとどまって、ドイツ王国全体を、まして神聖ローマ帝国全体を実質的に統一するまでにはいたらなかった。

さてこのような趨勢のもとに、われわれは同じ時期のものである近代的な法律・政治・国家哲学に注目できる。――マキアヴェリ Nicolo Macchiavelli (1469～1527)は、国家と教会とのまったき分離を説く。国家はその政治において、第一義的な正邪を問うには当らぬ。ただ政策の効果を問いさえすればよい。政治とはしょせん権謀術数の場なので、目的のためには手段は選ばない。もともと共和主義者である彼が、その理想国家のためにあえて絶対君主制を説くのは、あまりにも混乱した祖国イタリアの現実をみたからであろう。同じころイギリスのトマス・モア Thomas More (Morus) (1478～1535)は有名な『ユートピア』Utopia (1516)を書いて現実の国家を痛烈に諷刺した。この書は、カムパネラ『太陽国』Civitas solis (1623)、F・ベーコン『新アトランティス』Nova Atlantis (1626)、ハリントン『大洋共和国』Oceana (1656)など、つぎつぎにあらわれる同種の書の先駆である。

一世代おくれて、フランスのジャン・ボーダン Jean Bodin (1530～1596)はマキアヴェリの逆の立場で、神と理性の原理による共和主義的な理想を説いた。またドイツのアルトハウス Johannes Althaus (Althusius) (1557～1638)は社会契約説の萌芽とみられる主権在民を説いた。またネーデルランドのフーゴ・グロティウス Huig de Groot (Hugo Grotius) (1583～1645)は法律を、現実の政治や政策と直結する実定法と、現実ときり離して論ずべき不変なる理想の法(自然法 jus naturale)とに区別した。自然法はもはやスコラ的な意味での、神と教会を媒とした自然法ではなく、あくまでも人間の法の基礎なのである。ここで「自然」とは、ありのままな人間社会の本質の意味なのである。法律が、近代的な意味で、その独自の領域を主張するにいたったのである。

近代的な世界の発見　さて、以上のような近代的な「人間」の発見が、近代的な「世界」の発見と呼応することはいうまでもない。十字軍時代を通じて開かれた東西交通は、やがて人びとを駆って、未知なる新しき世界の発見に赴かしめた。ここでも先鞭をつけたのはイタリアであったが、十五・十六世紀になると、法王が教書を発して、東方海上はポルトガル、西方海上はイスパニアの活動に一任するほど、この事業はもっぱら両国の独占するところとなった。

東方海上では、アフリカ大陸を迂回して「インド」――それは当時にあって「未知の世界」の代名詞であった――をめざしつつ、緑岬 Capo Verde に達し(1445)、喜望峰を極め(1486)、ヴァスコ・ダ・ガマが東方航路を発見する(1498)。マラッカ占領(1511)、アモイ占領(1517)、日本渡航(1542)、そして日本使節の法王謁見(1585)とすすむ。一方、西方海上では――東方海上よりややおくれて、コロンブスの西印度諸島(西方の「インド」)発見(1492)アメリゴ・ヴェスプッチの新大陸――その名からアメリカと命名――探険(1499)、太平洋発見(1513)、マゼランの世界一周(1519)、メキシコ征服(1519)、ペルー征服(1513)とすすむ。

ルネサンス期を通じて、世界は大幅に拡張せられていった。文字どおりの「世界史」のあけぼのである。この世界史の朝に、日本はみずから門をとざしたのであった——鎖国(1639)。それはさて、これからの世界史は海上権の推移をめぐって展開する。十五・十六世紀を通じてポルトガル・イスパニアに二分せられていた海上権は、十六世紀後半にいたって、両国の王室関係によってポルトガルがイスパニアに併合せられたところから(1580〜1640)、イスパニア一国のまったき独占となった。そして十六世紀末、そのイスパニアの「無敵艦隊」がイギリス海軍のまえに敗北したことは(1588)、やがて海上帝国イギリスが出現する端初であったし、また海上権がイスパニアの手を離れて、十七世紀中葉まではオランダに、同世紀後半にはフランスに、そして十八世紀にはイギリスにと移ってゆく端緒でもあった。

ところで、海上のこのような花々しさにひきかえて、陸上ではおなじルネサンス期には、これというほどの開拓はみられない。なぜであろうか。これにはもちろんいろいろの理由があげられるであろうが、羅針儀の発明が劃期的に航海術を進歩させたことを無視してはなるまい。——近代を開いた三つの発明として、F・ベーコンは磁石(1302)・火薬(1313)・印刷(1445)をあげている。

近代的な自然の発見　春秋の筆法をもってすれば、磁石が世界をひらいたことにもなる。この一事をとらえても、近代的な「世界」の発見は近代的な「自然」の発見と深くかかわる。

そして、すでにみたとおり、「世界」の発見が「社会」の発見、また「個人」の発見とつながる以上、もちろんこの四者はたがいに他を予想するものではあるけれども、とくにも近代的な「自然」の発見の意義は大きい。そこに発する近代自然科学こそは、まさに近代的なるものの粋である。近代とは、ある意味では自然科学的な時代と特徴づけられようからである。

近代的な自然とは何か。それは古代の自然 physis ないし中世の自然 natura とどう違うか。一言でいうならば、古代の自然は人間をもそのうちに包むところの自然であり、中世の自然は神が人間と並べて創り給うところの自然であり、そして近代の自然は人間がみずから実験と観察によってとらえようとするところの自然である。古代の自然が哲学によって学ばれたとすれば、中世の自然は神学によって学ばれ、そして近代の自然は科学によって学ばれる。

ルネサンスの代表的な「万能人」レオナルド・ダ・ヴィンチ Leonardo da Vinci (1452～1519) は、確実なものは実験を通じてえられる経験のみだとした。コペルニクス Nicolaus Kopernikus (1473～1543) のまことに劃期的な地動説は、けっきょくは同じ方法からでたものといってよい。地動説は、教会がそれまで公認してきた天動説をまったく逆転させるわけで、教会を慮って彼の死後にはじめて発表せられた。最初はいっこうに注目されなかったが、やがていっせいに攻撃せられて、たちまち異端邪説としてしりぞけられた。『天体の運行について』は十八世紀後半まで法王の禁書であった。だがケプラー Johannes Kepler (1571～1630) は運動法則の発見によって、地動説を数学的に証明した。しかも彼はこれを堂々と公表したために、きびしい教会の迫害をうけた。またガリレイ Galileo Galilei (1564〜1642)も天文学・物理学の領域で多くの貴重な発見をしながら、地動説を確認して宗教裁判にかけられた。「されど地球は動く」eppur si muove――ガリレイがそういったと伝えられるこの言葉は、近代的な自然科学をうちたてようとするルネサンス人の壮烈な意気を示すものである。

第八章　十七・十八世紀

時代の趨勢　ルネサンスにつづく十七・十八世紀においては、ルネサンスで開かれた近代への方向がますます促進せられたわけだが、この時期にあってとくにいえることは、西洋史がアルプスをこえてまったく西欧のものとなったことと、そしてその西欧に、幾多の曲折をたどりながら、真の意味での近代国家が形成せられていったことであろう。近代国家の誕生はすでにみたとおり十五世紀のことといえようが、しかしルネサンス期を通じて、それはまだ真の意味での近代国家とはいえなかった。近代国家は、自覚した近代的な個人がそのあらゆるものを、そこに発しそこに帰らしめるべき最高最大の社会でなくてはならない。その意味からいえばルネサンス期の国家は、なるほど中世的な教会と封建制の桎梏から脱しはじめたとはいうものの、それは法王と領主の権力にかわって、より強大な国王の中央集権が実現しただけのことで、国家はまだ国王のものであって国民のものではない。国家を代表するものは王室であり、国際関係とは王室同士の関係にすぎない。このような事情は、ルネサンス期につづいて十七・十八世紀にまでもちこされたといわねばならない。国家が国王のものから国民のものになるのは、けっして平坦な道程ではなかった。十七・十八世紀を通じて近代国家としてせりあがってくるのは、とくにイギリス、フランス、オランダ、おくれてドイツの国々であるが、なかでもイギリスが先進国として大陸諸国に影響を与えるのは、イギリスがもっとも早く、国家を国民のものにする努力をはじめたからである。

イギリスの十七世紀は国民の力が大いにもりあがった時期であって、国民の力によって憲法と議会政治が確立せられ、専制的な王権は制限せられて「王は統治するが政務は執らぬ」The king reigns, but does not govern 独特な立憲君主制が樹立せられた。また歴代の国王は、新教を奉じなくてはならなくなった。このような原則が確立せられたのが十七世紀末の名誉革命 Glorious Revolution (1688) であるが、そこにいたるイギリス十七世紀史はまことに波瀾にみちている。——近代イギリスの基礎が定まったのは、エリザベス時代 (1558～1603) である。ところがエリザベスにつづくジェームス一世 (1603～1625) チャールス一世 (1625～1649) はともに不評判で、ついに内乱がおこり(1642)、王を死刑に処して共和制の政府ができた(1649)。クロムエルの率いる共和政府は、対外的には国威を伸張したが国内の評判は香ばしくなく、王政復活 Restoration が行なわれて、廃帝の息子がチャールス二世(1660～1685)として迎えられた。しばらく人心の安定がみられたが、ふたたび内乱前の状態となり、つぎのジェームス二世 (1685～1688) はみずから王位を放棄して、流血をみない名誉革命が成就する。翌年、女王メリー (1688～

1694）は議会から「民権宣言」Bill of Rights（1689）を受け取った。さらに議会は、国王は新教を奉ずべきことを決定して、女王アン（1694～1714）をもって旧教の王統を断ち、新教のハノーヴァ家を迎えて王をたてた。——以上の推移を通じて、新教・旧教の争いがしめている役割りには、大いに注目してよい。イギリスは列国にさきんじていちはやく新教を採用し、またローマ教会から分離して独特の国教教会 Anglican Church（1531）をたてたのであったが、歴代の国王は旧教を奉ずるものが多く、ピュリタン、プレスビテリアン、バプティスト、クエーカーなどの新教諸派はさかんに圧迫せられた。この圧迫が一方、それから逃れるために、新大陸への移民を誘った大きな原因であった。移民が本格的になるのは十七世紀の二十年代からである。

さて、同じ時期のフランスはルイ王朝——「国家は朕のもの」L'état c'est à moi と称したルイ十四世（1643～1715）が君臨した。このはで好きで戦争好きな専制君主は、イスパニアを削り、オランダを苦しめ、イギリスを牛耳り、さかんにフランスの領土を拡大したが、十七世紀末、名誉革命をとげた直後のイギリスとの一戦に敗れて（1692）、せっかく握った海上権をイギリスに譲ることとなった。十八世紀末、ちょうど百年をへだてて名誉革命と呼応するフランス革命（1789）の遠因は、すでにこのときにあったといえよう。国家を王のものから民のものにする努力において、フランスはイギリスよりちょうど一世紀だけおくれたのである。

ドイツにいたっては、そのフランスよりさらに一世紀ちかくおくれたといわねばならぬ。十七世紀のドイツは、その前半をしめた三十年戦争（1618～1648）ですっかり疲れはてて、国家としての統一は崩れ、三百以上もの地方がそれぞれ割拠する形勢となった。この荒廃のうちで、オーストリアのハプスブルグ家は依然として栄えていたが、新興勢力としてプロイセンの発展はめざましかった。そして、このプロイセンを中核として、十八世紀後半のドイツはレッシング Lessing (1729～1781)、ゲーテ Goethe (1749～1832)、シラー Schiller (1759～1805)、カント Kant (1724～1804) を輩出して、輝かしい「第二のルネサンス」を謳った。しかしドイツが統一国家となるのは、十九世紀の後半(1871)まで待たねばならない。

このようにみてくるとき、十七・十八世紀を通じて、イギリスは大陸諸国よりいつも一歩さきを歩いていた。十七世紀末の名誉革命でその近代化のひと区切りをつけて、十八世紀のイギリスはその後半で産業革命 Industrial Revolution を成就する。それは直接には紡績機械・蒸気機関などの発明によって導かれたものだが、その根ざすところは近代的な市民社会である。そして、産業革命の成就は、その市民社会の基礎をより強固にしてゆく。

経験論と合理論　十七・十八世紀の思想史を語るにあたって、英国の経験論 Empiricism と大陸の合理論 Rationalism とを対比させるのがもっともふつうである。この二大思想はたしかにそれぞれの風土的・歴史的な伝統といえようが、しかしとくにこの時期においてこの二大思潮の対立がめだってくるのは、すでにみたように、同じ時期における英国と大陸諸国との事情の差異にもとづくものである。先進国としてのイギリスは、世界史の織りなすつぎつぎの事件をいつもまともにひき受けていたので、抽象的な理想よりもまず具体的な現実を問わねばならなかった。学問はもはや少数の専門学者のものではなく、ひろく一般大衆のものとなったのである。これに対して大陸の諸国にあっては、学問はまだ一般大衆のものとはいえない。現実は学問がそれをとりあげるべくあまりに卑俗であり、高遠な理想こそが学問の課題である。——倫理学についていえば、英国の倫理学は現実の人間を心理学的に取り扱い、大陸のそれは理想の人間を形而上学的に取り扱うといえるであろう。

さて、信仰と知識との対決は、近代思想をつらぬくもっとも大きな課題であった。いうまでもなくこの課題は中世以来のことであったけれども、しかしすでにみたように、中世においては信仰と知識という二つのものは、対決すべくあったのではなく、むしろ調和すべくあった——しかもそれは、あくまでも信仰の側にたって、知識を信仰の側にひきよせて両者を調和させることであった。いや、さらにいうならば、このばあいの信仰とはすなわち教会にほかならず、または教会の公認する神学にほかならないから、信仰と知識との調和とは、学問をいわゆる「神学の侍女」ancilla theologiae ないし「教会の侍女」ancilla ecclesiae たらしめることであった。ところが近代思想にあっては、この二つのものは、まさに対決させられる。すなわち、宗教と学問との決然とした分離、ないしは高次の調和である。しかもこのさいに、宗教とはもはや教会の同義語ではなく、神とは必ずしも中世キリスト教的な神とはかぎらない。また学問とは、もはや哲学のみではなく、哲学とはじめは併行し、やがてはこれを指導し、ついにはこれと袂別するにいたる科学(とくに自然科学)をも意味している。だから近代における宗教と学問との対決は、むしろ神学と哲学と科学との三ッ巴戦といったほうがよろしい。

倫理学の主題である「人間」も、同じような連関のうちで問われなくてはならない。人間は、神に対しての人間であるとともに、自然に対しての人間であり、そしてさらに人間に対しての人間である。——十七・十八世紀における大陸の倫理学は、神に対し自然に対する人間のありかたを、はっきり位置づけようとする。それはある意味では中世的な倫理観の継続といってよいが、しかし神・人間・自然の連関にあって、中世におけるように神のみが絶対とされるのでなくて、三者それぞれにそのところをえている点が大きな違いである。まず神があって、その神のもとに、神の被造物としての人間と自然とがならびたっているというのではない。神は人間がより完全になるための目標であり、自然は人間がその正体を解明しようとする対象である。だから倫理学は「人間」を正当に位置づけながら、宗教と学問との高次の調和を求めているといってよかろう。

しかしながら、十七・十八世紀における大陸の倫理学を概観するとき、中世的なものの残留はなんとしても否定し難いようである。中世倫理学とはっきり区別する、いわばきめてが不充分なのである。これに対して同じ時期の英国の倫理学は、これははっきりと近代的なものを示している。英国の倫理学はその出発点から、すでに宗教と袂別している。だからそれは、神と人間との関係というようなことは、ことさらに問おうとせぬ。また自然と人間との関係ということでも、自然のことはそれを扱う専門の自然科学に任せている。こうして英国の倫理学の扱うのは人間——それも現実の人間である。だから、人間が理想をめざして「完全」になることを努めるきびしい倫理ではなく、人間にとってごくふつうな「幸福」が吟味されるのである。また、この先進国の進歩した社会が背景となって、人間に対する人間——大陸の倫理学ではまだ扱おうとせぬ新しい問題が登場する。

大陸合理論の系譜　大陸の近代哲学はデカルト René Descartes (1596〜1650) が「われ思うゆえにわれあり」Cogito ergo sum といったときにはじまる、といってもよかろう。——人間の感性、いな知性すらもが、しばしば人間をあざむく。だから、一切はまず疑ってみねばならぬ。だが一切を疑っても、いや一切を疑えば疑うだけ、そのように疑っているわれがあるということは、これだけは疑うべくもない。疑うことの極みにこうして残る「疑うわれ・思うわれ」から、彼の哲学は出発する。そして、数学にみられるような「明晰判明」claire et distincte な真理を追求しながら、絶対な神 Deus をなかだちとして、物(物質) corpus と心(精神) mens との決然とした二元論に到達する。物質の本性は延長 extensio、精神の本性は思惟 cogitatio――二つはまったく断絶している。

デカルトは倫理学を独立の分野としてじゅうぶんに扱ってはいないが――彼の倫理学は人間から出発する。彼がその理論哲学においてはっきり二つに分けた精神と物質とは、人間にあっては、とうてい分離すべくもなくひとつに結びついている。そこで人間の精神は、必ずしも明晰判明な認識に向わず、不明混濁した感情 passiones を受ける。こうした感情に彼は、悲・喜・愛・憎・欲・驚の六つを区別したが、これらの分析を通じて彼がめざしたものは、自由意志と至福と最高善との一致ということになる。だが問題はじゅうぶんなる解決をみていない。

さて、デカルトによって提起せられ、しかしデカルトにあってはまだじゅうぶんに解決されない「神」と「心」と「物」との関係――ここには二重の二元論が含まれている。すなわち、第一には「心」(精神)と「物」(肉体)との二元、第二には「神」(摂理)と「心」(自由)の二元である。そのどちらも、ひとたび「人間」を語ろうとするとうまくいかない。この難点を修正するのが、デカルト以後の仕事であった。

『汝自らを知れ、倫理学』の著者ゲーリンクス Arnold Geulincx (1624~1669) はデカルトを継承しながら、その一面を徹底した。彼は神のみを原因として、その他は偶然の原因にすぎぬとした（偶因論 Occasionalisme）。人間はみずからの分をわきまえて、神の命にこれ従わねばならぬ。——ほとんど中世的な思考への逆もどりとすらみえる。マールブランシュ Nicolas Malebranche（1638〜1715）においては、それがよりいっそう徹底している。

『幾何学的順序によって論証せられた倫理学』Ethica ordine geometrico demonstrata の著者スピノーザ Baruch de Spinoza（1632〜1677）の関心もまた同じところにあった。——神が唯一の無限の実体 substantia であって、その無数なる属性 attributum のうち、人間に知られるものは思惟と延長の二つだけである。そして精神と物質とは、この属性のたんなる様態 modus にすぎない。——彼において「徳」（道徳）はすなわち「知」（認識）であったが、その「知」はまずたんなる見聞にもとづく感性知 imaginatio にはじまり、つぎに神との関わりにおいて「永遠の相の下に」sub specie aeternitatis 事物をみる理性知 ratio、そしてついに神そのものを認識する直覚知 scientia intuitiva にいたる。この最後のものが「神の知的愛」amor Dei intellectualis と表現されるが、これこそが至福にほかならぬ。

さて、デカルトにはじまる大陸合理論はライプニッツ Gottfried Wilhelm Leibniz（1646〜1716）およびその解説者ウォルフ Christian Wolff（1679〜1754）——いわゆるライプニッツ＝ウォルフの哲学によってしめくくられる。われわれはもうカントの倫理学を待つばかりである。

なお、この場所で、以上の系譜からはやや離れた、しかし充分に注目すべきいくつかの倫理学を指摘しておこう。——デカルトの論敵でエピクロス倫理学を復活したガッセンディ Petrus (Pierre) Gassendi (1592〜1655)。修道院に愛と信の生活を送って、叡智にみちた『パンセ』の著者パスカル Blaise Pascal (1623〜1662)。また十八世紀ではフランスの啓蒙思想家たち——モンテスキュー Montesquieu (1689〜1755)、ヴォルテール Voltaire (1694〜1788)、コンディヤック Condillac (1715〜1780)、ラ・メトリ la Mettrie (1709〜1751)、エルヴェシウス Helvétius (1715〜1771)、ディドロ Diderot (1713〜1784) など。そして、啓蒙思潮が知性を偏重するあまり、あたたかい人間性を見忘れていることを警告したルソー Jean Jacques Rousseau (1712〜1778)。

英国経験論の系譜　大陸の倫理学が「人間」を形而上学的に位置づけようとしてやっきになっているころ、英国ではそのような問題には深くこだわらないで、新しい倫理学の分野が開拓されていった。

英国の近代哲学は、大陸のそれがデカルトからはじまるように、F・ベーコン Francis Bacon (1561〜1626) からはじまった。その有名なイドラ説は、われわれがあらゆる先入見をすてて、ただ観察と実験を通じてありのままなる自然を「通訳」interpretari せよと教える。彼はイドラ（幻影）すなわち先入見に、われわれが人間であるかぎりまぬがれがたい種族のイドラ idola tribus、個人であることからの洞窟のイドラ idola specus、言葉にたよることからの市場のイドラ idola fori、学問にたよることからの劇場のイドラ idola theatri の四つを区別した。

　このような立場からして、彼は倫理学をはじめから神学および形而上学と分離する。最高善というような窮極の問題は宗教にゆずって、倫理学で扱おうとするのは、もっぱら現実の卑近な道徳である。たしかに、人間の完成には道徳だけでは不充分で、どうしても宗教が必要かもしれないが、しかしなまじの迷信や狂信は、不信よりもかえって道徳にとって邪魔である。ベーコンは現実の道徳のよってきたる源泉をたずね、道徳のただしい適用を問題にする。——道徳の源泉は万人のうちにひそむ自然法則 lex naturalis に求められたが、道徳の評価は経験とともになされ、善(よい) good とはすなわち有用(やくにたつ) useful であるとせられた。では、何にとって善であり有用であるのか。個人にとっての善と、社会にとっての善とが考えられる。このさいに彼は、自然がしばしば個を犠牲にしても種の全体を守ることを語りながら、社会を個人に優先させる。だから真の道徳は全体の善のための行動 action for the common good である。理論(知)と実践(行)ということについても、例えばアリストテレスが知徳を行徳のうえにすえたのはまったく倒錯だとして、まず行動的な生活を奨めている。——彼は『新アトランティス』Nova Atlantis なる理想郷を描いているが、それは人間の科学が自然をまったく支配した徹底的な文明社会である。

ベーコンのこのような見解は、ホッブス Thomas Hobbes (1588～1679) によってさらに発展せられ、そして体系化せられた。彼もまた道徳と宗教とを分離し、道徳を経験的なものとしてとらえているのだが、その態度はベーコンよりもいっそう徹底している。——人間はその自然のままの状態においては、各自が「自然の権利」natural right のみを利己的に主張しあって、どうにも収拾のつかぬ「万人の万人にたいする戦い」bellum omnium contra omnes になってしまう。そこで人間は「自然の法則」natural law を働かしてたがいに「契約」しあって国家をつくりあげる。ところで、国家がいったんできた以上は、すべての権利は国家にまかせてしまって、国家にぜったいに服従せねばならぬ。国家・国法・国王が絶対であって、これのみが一切の善悪正邪を決定する。だから、国家はもともと国民の合意によってつくられた契約国家でありながら、逆に国民を隷属せしめる専制国家となっている。旧約聖書にあらわれる巨獣の名を負う『レヴァイアサン』Leviathan (1651) で彼はその国家論を説いているが、当時の英国はあたかもクロムエルの共和革命のときで、のちのチャールス二世の師としてパリに亡命していた彼は、この著作を通じてひそかに共和革命に反対している。

ホッブスの独創的な、しかしやや極端な思想にたいして、ロック John Locke (1632～1704) のそれはずっと穏健で調和的である。彼についてはまず、心理学的な方法の確立ということがいわれなくてはなるまい。たとえば善悪を快苦とみるように、道徳を心理的なものと解するのは英国経験論の伝統的な傾向であるが、このような傾向を学の方法として確立したのは彼である。彼は道徳の分析から心理をひきだすのではなくて、むしろ心理の分析から道徳を、いや道徳のみではなく知識その他あらゆる哲学の問題をひきだすのである。だから彼の道徳は、快・苦というような心理的観念からはじまり、そうした観念をともなう欲望、観念の結合としての反省、そして意志の決定としての決心と説きすすめられる。そしてこのような心理的な意識を支配している法則として、神の法 law of God・国の法 civil law・世論の法 law of opinion の三つをあげている。道徳的な善悪はこのような法則に一致するかどうかできまる。――なおロックはその国家論について、ホッブスと同じく契約説をとったけれども、しかしホッブスのような専制君主制ではなく、君主もみずから国法の下にたって国民の権利を守るべき立憲君主制を理想とした。彼の国家論は、英国民の成就した名誉革命（1688）を正当化するものであった。

さて、十七世紀を代表する三人のうち、ホッブスの思想は、それがもっともはっきりしたものであるだけに、各方面からのはげしい反対に出会わなくてはならなかった。ヘンリ・モア Henry More（1614～1687）やカドワース Ralph Cudworth（1617～1688）などのケムブリジ=プラトン派 Cambridge Platonists は、道徳を社会の約束にすぎぬとみるホッブスに反対して、道徳はそのように便宜的な恣意によってきめられるのではなく、善悪を本質的に区別する意志によってきめられねばならぬとした。またシャフツベリ伯 Count of Shaftesbury, Anthony Ashley Cooper (1671~1713) は、ホッブス流のあまりにも割りきった唯物的な道徳観にたいして、またそれを攻撃する宗教思想家たちのあまりに観念的な道徳観にたいして、道徳は他から導きだすことのできない独自の領域だとして、ギリシアの「善美」kalokagathia の理想を思わせる審美的な倫理学をうちたてた。美的な調和と完成が道徳の目的なのであって、芸術感覚になぞらえて「道徳感覚」moral sense が語られた。――シャフツベリの立場は、ハチスン Francis Hutcheson (1694~1747) やバトラー Joseph Butler (1692~1752) などに引き継がれた。

ヒューム David Hume (1711~1776) は直接にはロックの心理学的な方法をついだが、シャフツベリ流の立場の影響も見逃しがたい。――道徳は知的に判じられるというよりは、むしろ情意で感じられるものである。そうした感情 passions として、彼はまず快 pleasure と苦 pain とをあげ、快を与える心の資質を有徳、苦を与えるそれを不徳とよんだ。このように是認(よくおもう) approbation し非認(わるくおもう) disapprobation する感情は、根本的には「共同感情」sympathy にもとづくものである。この「共同感情」あるがゆえに、徳の是認・非認が当事者だけの主観的な感情におわらず、第三者のうちにも生ずる客観的な感情となる。

さて、英国経験論の系譜をたどりながら面白いと思うのは、すでにあげた人々の多くが、けっして専門の倫理学ないし哲学者というのではなくて、じつに多方面にわたっているという点である。彼らは学者というよりはむしろ思想家であった。いな、ときとしては、思想家というよりむしろ実際家なのである。学問と現実がこのように直結しているのは、つまり学問が一般大衆のものとなっている何よりの証拠というべきで、英国社会の近代性を示すにほかならない。

近代倫理学の帰結　近代倫理学はすでにみてきたように、近代的なる「人間」の問題に発して、合理論とよび経験論とよぶ対立する思潮のうちで、理想の倫理の追求と現実の倫理の分析という二つの方向にわかれて展開せられてきた。ところで、理想の追求はややもすれば高ぶった独断論 Dogmatism に陥りやすく、現実の分析はややもすれば納まりのつかぬ懐疑論 Scepticism におちいりやすい。そしてそれが十七・十八世紀の倫理学がたどった道であった。大陸のそれは独断論の壁に、英国のそれは懐疑論の壁にぶつかって足ぶみした。だがそれぞれのぶつかった壁は、二つなのではなく、じつは一つの壁の裏と表である。この壁をとりのけたとき、近代倫理学はいちおうの完成をみる。この事業をなしとげたのがカントである。

第九章　近代倫理学の完成

カント Immanuel Kant（1724〜1804）　「およそこの世のなかで、いなあえてこの世とかぎらず、いかなる限定もなしに善といわれ得るものは、ただひとり善き意志のみである。」——六十一歳のカントが、年久しく待たれていたあとで、はじめて道徳をまともにとりあげた第一声である（『道徳形而上学の基礎づけ』Grundlegung zur Metaphysik der Sitten, 1785）。このみじかい言葉のなかには、だから、カントの道徳哲学が収斂しているとすらいえるようである。彼は善意志 guter Wille から語りはじめる。——常識はいろいろの善きもの（才能・気質・幸福）を知っているが、それはすべてそれを用いる意志次第で善くも悪くもなる。だからそれは条件つきで善である。これにたいしてそれらを用いる意志そのものは、これのみは無条件に善である。

善意志の問題は義務 Pflicht のそれに移される。われわれの行為は義務とのかかわりにおいて、してならないのにする義務に反した pflichtwidrig 行為、せねばならぬからする義務に従った pflichtmässig 行為、せずにおれぬからする義務に発した aus Pflicht 行為を区別する。カントがとくに強調するのは、第二のものと第三のものとの違いである。彼は第三のもののみに道徳性 Moralität をみとめて、これを第二の合法性 Legalität からきびしく区別する。外的な結果だけを問えば両者はしばしば一致するし、だから常識はよく混同するのだが、内的な信念（こころのもちかた）Gesinnung にさかのぼれば両者ははっきり違う。もっとも大きな違いは、たんに義務に従った行為は、実質的・感性的な傾向（くせ）Neigung や性癖（このみ）Hang と結びつきやすいことである。悪いことをしないのはひととおり義務に従ったことだが、それはしばしば、悪いこともできない臆病な傾向と結びついている。

義務に発した行為は、そのような傾向や性癖――あらゆる実質的 material なものをきびしく排除してはじめて成り立つ。義務に発した行為の道徳的な価値は、それが実質的に何を企図し何を結果するかとはいささかも関わらぬ。問われるのはただ意志の形式だけである。カントの道徳は、正しい意味で形式的 formal である。形式的という言葉は、ふつうには内容・実質がないという悪い意味で使うことが多いけれども、カントのばあいは、内容・実質をこえた、内容・実質に左右されないという、すぐれた意味で使われている。――われわれは道徳の実例から道徳の原理を導きだすことはできない。実例においてわれわれは、けっして完全なる道徳をみることができぬ。神といえども、それは完全なる道徳の理念 Idee であって、みえる実例 Beispiel ではない。「道徳に模倣はない、実例はただ道徳心の励ましに役立つのみ」。

さて意志はその形式的な原理として、主観的には格率 Maxime を、客観的には法則 Gesetz

を区別する。意志は法則を表象（前に置く）vorstellen する能力である。もし人間がまったく理性的な存在ならば、人間の意志において、格率はそのままに法則のはずである。ところが、理性的たると同時に感性的なる人間にあっては、その格率はかならずしも法則と一致しない。そこで強制 Nötigung が必要であり、命令 Gebot が必要である。みずからの意志の客観的原理にほかならぬ道徳法則が、みずからにとって「…すべし」という当為 Sollen となるのはこのゆえにである。それにたいして意志の主観的な原理として、おなじく形式的であるはずの格率は、実質的な欲求にもとづく動機 Triebfeder に制約されて、「…したい」という意欲 Wollen の形をとる。

さて、人間の意欲と行為との連関はかぎりなく多様である。あらゆる場合に意欲が必然的に求めるような、共通の実質をもった目的などはありえない。個々の義務の内容を論理学的に総括するような、義務の類概念は存しない。しかし、個々の義務内容はそれぞれに違っていても、道徳的な行為は義務の意識をぬきにして考えられぬ。とすれば、最も普遍的な義務は、意欲を当為にかなうものとする義務、したいこととすべきことを一致させる義務、ということになる。

この最高の義務が、カントによって定言命法 kategorischer Imperativ とよばれる。それは「格率が普遍的法則となることを、その格率を通じて汝が同時に欲し得るような、そういう格率に従ってのみ行為せよ」（君があることをしようと決意するとき、その決意がそのまま万人のなすべき法則となりうるかどうか、それもただたんになりうるというだけではなくて、なることが望ましいといえるかどうか、反省してよしときまる決意だけを実行しなさい）という有名な命題である。この命題はまさに形式的な命題である。ここには、具体的にどうせよ・こうせよというような、何らの実質的な規定も入っていない。

従来の道徳説は、個々の義務の命法に対して、たとえば幸福になろうとする意欲とか完全になろうとする意欲とかいうふうに、経験的にすでに存している何らかの意欲を前提としている。この前提がなければ、命法は成立しないのである。人が幸福を欲するのは自明のことであるが、もし人が幸福を欲することをやめれば、幸福を求むべしという命法はまったく無意味になる。従来の道徳説における命法は、すべて仮言的 hypothetisch といわねばならぬ。それは「命令」の名には値せず、せいぜい「忠告」とか「規則」とかよんだほうがよいものである。

道徳律の命法は、しかし、そのような条件づきのものであってはならぬ。人間が何を意欲しようと、いささかも顧慮することなく、いついかなる場合にも断乎として、かくすべしと命ずるものでなければならぬ。道徳原理は、経験的な実質をまったく排除し、ただ自己自身において形式的に規定せられるほかはない。

さて、「それ自身を同時に普遍的法則となし得るような格率に従って行為せよ」という定言

命法の命題は、ここでもまた実質をすこしも加えることなく、

一、汝の行為の格率が汝の意志によって、あたかも普遍的自然法則となるべきかのように行為せよ。

二、汝の人格およびあらゆる他の者の人格における人間性を、常に同時に目的として取り扱い、決して単に手段としてのみ取り扱わざるように行為せよ。

三、意志がその格率によって己れ自身を同時に普遍立法的と認め得るように行為せよ。

という三つの方式に導かれる。第一方式は道徳法則の自然法則にも似た普遍性を、第二方式は人格の自己目的としての優先性を、そして第三方式は意志の自己立法すなわち自律を強調する。

道徳法則は普遍的なものでなければならない。ところで、普遍的な法則といえば、それは何よりもまず自然法則 Naturgesetz であろう。ことにカントの当時は、ニュートン Isaac Newton (1642～1727) による近代自然科学の確立が、まだ記憶からあせていない。だが、自然法則はあくまでも自然のありかたについてのもので、それがどんなに普遍的だからといって、そのまま人間の ありかたの 法則として 借りる わけにはゆかぬ。第一方式は、道徳法則の 普遍性 Allgemeinheit を語るひきあいに自然法則をだしているので、だからわざわざ「自然法則となるように」ではなく「なるべきかのように」と断わっている。

第二方式はカントの定言命法として最も有名なものではないかと思うが、この命題はどうい

うものか「己の欲せざるところを人に施すことなかれ」というような、東西古今もっともありふれた格言を連想させる。カント自身それを気にして、このような格言には実質的なものが混入しているので、まったく形式的な定言命法とは断じて区別せねばならぬと注意している。——それはさて、第二方式ではややまわりくどい表現で、人格 Person と人間性 Menschheit との区別がなされ、人格が目的 Zweck たると同時に手段 Mittel であることが指摘される。人間性とは人の人たるゆえん、すなわち理性的なことである、カントは理性あってこその人間を、理性的なる者 das vernünftige Wesen の一種としての人間を考えている。だから、彼にあっては、個々の人間 Mensch がそのまま尊いのではなく、そのひとりびとりがせおっている人間性 Menschheit のゆえに尊いのである。そして、この人間性のゆえに、人間は尊厳なる人格 Würde der Person として、たんに価値づけられる物件 Wert der Sache からはっきり区別される。ところで、理性者は自己目的 Zweck an sich selbst であるから、人格も目的たることにおいて優先するのだが、しかし人間は理性的たることにおいてすぐれながら、理性的たるとともに感性的たることをまぬがれない。人格は目的としてすぐれながら、しかし同時に手段であることをまぬがれぬ。

この事情を解きほぐすために、カントは「目的の国」Reich der Zwecke という巧妙な比喩を用いている。「目的の国」にあって理性者は、ひとりびとりが成員 Glied であると同時に元首 Oberhaupt である。いうならば理想のデモクラシーであるが、ここで各自は成員としてのかぎり法則に従う義務を負い、しかし同時に元首としてのかぎり法則を立てる尊厳を担うのである。――意志は法則に従わねばならぬが、その法則は他から与えられたものではなく、みずからがたてた法則である。この意志の自己立法すなわち「自律」Autonomie こそはカント道徳説の輝かしい金字塔であって、だから「自律」をうちだした第三方式は定言命法の完全な規定とよばれた。

「自律」が確立されさえすれば「自由」Freiheit の問題は比較的にたやすい。自律も自由も、ともに同一なる「意志」の両面にすぎないからである。「自由は自律の存在根拠 ratio essendi、自律は自由の認識根拠 ratio cognoscendi」とカントはよんだが、たしかに自由とは外からの原因とは独立に働く意志の特性をさすにほかならず、それは自然が外からの法則に必然的に従っている他律 Heteronomie にたいして、意志が自己自身にとって当為的な法則であるという自律に求められるほかはない。だからカントの自由は、自然因果からの自由であるとともに、道徳自律への自由である。その自由はたんに経験的な自由ではなく、先験的 transzendental な自由である。

「汝なす可きがゆえになし能う」Du kannst, denn du sollst. ――しなければならぬからできるのだ。この逆説的とすらみえる言葉のなかに、カントは自律と自由の連関を端的にいいきっている。「なすべきがゆえに」とは「義務」なるがゆえにであり、「自律」なるがゆえにである。「なしあたう」とはすなわち「自由」である。だからカントのこの言葉は「自律なればこそ自由である」といいかえてもよい。——カントがこうして確立した自由は、しかしながら、健全な常識が自由としておぼろげながら承知しているものと、けっして違ったものではない。好き勝手なことをする放恣が自由ではなく、自由とはつねに責任をともなうものだと、常識の智恵はじゅうぶんに承知している。カントは常識の智恵をこそよりどころとしながら、それを学問の原理にまで洗いあげたのである。

『道徳形而上学への基礎づけ』によってその原理を確立した道徳は、『実践理性批判』（第二批判）Kritik der praktischen Vernunft（1788）において、『純粋理性批判』（第一批判）と呼応しながら、批判哲学の重要な第二部を構成する。さらに『宗教論』Religion innerhalb der Grenzen der blossen Vernunft（1793）において、『道徳形而上学』Metaphysik der Sitten（1797）において、また『人間学』Anthropologie in pragmatischer Hinsicht（1797）において、道徳の問題は縦横に展開せられる。

カントによって倫理学は、はじめて正当なる地位を与えられたといってよい。彼以前の倫理学は一個の独立した学とはいえなかった。そもそも理論と実践という二つの学的領域を区別するとき、これまで重点がおかれてきたのは、なんとしても理論の領域である。実践の領域については、それがあまりに身近であり複雑であるがゆえに、あるいは軽侮せられまたは敬遠せられてきた。すぐれて実践にかかわる倫理学は、はっきりと独立することができず、いつも過渡的なまたは付録的な地位に甘んずるよりほかはなかった。これを救ったのがカントである。

可感界 mundus sensibilis と可想界 mundus intelligibilis とを区別した彼は、理論的な認識を可感界のことがらにかぎって、それが可想界のことがらに及ぼうとするのは越権であるとした。だから、自由・神・不死というような可想界のことがらは、理論理性の立場からは、「どうもたしかにあるようだ」と主観的にいえるだけである。それをはっきりと「どうしてもなければならぬのだ」と客観的にいいきれるのは、実践理性の立場からであって、ここに理論理性にたいする実践理性の優位 Primat der praktischen Vernunft が説かれる。理論的な認識とならんで、いなむしろそれよりも上位に実践的な道徳がおかれるのである。「上なる星空と内なる道徳律」der bestirnte Himmel über mir und das moralische Gesetz in mir――カントの墓碑銘となっているこの言葉のなかで、個々人の心の内にある道徳法則は、広大な宇宙のゆるがすべくもない秩序と同列に考えられた。

ドイツ理想主義　カントに発しカントをこえるにいたるドイツ理想主義 deutscher Idealismus（ドイツ観念論というほうがふつうだがここでは理想主義とよぶほうがより端的であろう）の系譜は、十八世紀後半にはじまるいわゆる「第二のルネサンス」のみごとな結実である。

ドイツ理想主義の倫理学は、カントの立場を継承しながら、しかしカントにおいてあまりにもきびしく二元的に分離せられたもの——自然と人間、感性と理性、可感界と可想界との対立を、一元的なるものの発展の階梯として調和的にとらえる方向にすすんだ。フィヒテ Johann Gottlieb Fichte（1762〜1814）はその一元的なものを「自我」das Ich に求めた。まず自我の定立、つぎに自我にたいする非我 das Nicht-Ich の反定立、さらに自我のうちなる可分的な自我と非我の相互定立——いわゆる正 Thesis・反 Antithesis・合 Synthesis の弁証法的な発展として一切がとらえられる。シェリング Friedrich Wilhelm Joseph Schelling（1775〜1854）はその「同一の体系」System der Identität において、意識と自然、主観と客観、観念と実在——などは絶対者の自己啓示の階序にすぎぬとした。

このような方向のきわみに、ドイツ理想主義の大成者ヘーゲルの倫理学をみるのである。

ヘーゲル Georg Wilhelm Friedrich Hegel（1770〜1831）　「理性的なものは現実的であり、現実的なものは理性的である」。——『法哲学』Grundlinien der Philosophie des Rechts（1821）の序文にしるされたこのたいへん有名な言葉は、ヘーゲルの壮大な体系を端的にしめくくるものといえよう。理想と現実とは二つ別ものではない。現実とは理想のあらわれにほかならず、理想はあらわれた現実をおいてはない。ヘーゲルの哲学は、理念 Idee の弁証法的な発展を跡づける。すなわち、論理学は理念そのものの学であり、自然哲学は脱自態 Anderssein における理念の学であり、そして精神哲学はその脱自態（自然）から自己に回帰した理念の学である。

自己に回帰した理念とは、その本来の自由 Freiheit を取りもどした精神 Geist である。精神哲学が（1）主観的精神 subjektiver Geist（2）客観的精神 objektiver Geist（3）絶対的精神 absoluter Geist と展開するのは、すなわち自由の展開にほかならぬのであって、それぞれは自由を取りもどし、実現し、そして完成する道程を示している。この第二のもの——自由を実現する客観的精神こそは、まさに倫理学の場でなければならぬ。だがここで問われている自由は、もはやこれまでの倫理学においてのように、カントにおいてすらそうであったように、たんに個人の意志をめぐって解明せられるというものではない。自由はもはや、社会の現実にこれを求めるほかはない。多数の個人の併立を通じて、各個は自己の目的とするところを世間の承認をまってはじめて主張しうるのであって、個人の自由はすでに社会の法則に客体化されているのである。このような自由意志の客体化をこそ、ヘーゲルは「法」Recht とよんだのであって、だから彼の『法哲学』はいわゆる法律をのみ問うのではなく、ひろく自由の実現を——ただしい意味での「倫理」をこそ問うのである。

この立場からしてはじめて、ヘーゲルは「道徳」と「法律」との対立矛盾を止揚して、「人倫」の輝かしい概念をえたのであり、またそれによってカントの道徳哲学をこえることができたのであった。——道徳と法律との対応はまさに近代社会のことがらである。だから、近代倫理学を決算したカントにあって、道徳と法律とははっきり一対のものとして考えられた。だが、カントの倫理学はけっきょく個人の人格の尊厳を説く道徳哲学なのであって、その道徳の立場から、道徳と区別されるべきものとして、法律が考えられたにすぎない。ところがヘーゲルにあっては、道徳と法律とはたんに区別するというだけではなく、その対立を止揚すべきものだったのである。

さて、『法哲学』は自由の実現としての「法」Recht を問うものであるが、それはまずいわゆる「法律」——抽象法 abstraktes Recht からはじめられる。法律は自由の客観的で抽象的な実現である。法律のまえに万人は平等であるとせられ、また、法律は万人に平等に適用せられてはじめて意味があるのだけれども、しかし現実には、人間の各個は身分・職業・年齢その他それぞれであって、その意味からいえば万人はけっして平等ではない。しかし、各個それぞれだといっていては法律は成り立たないのであって、ここで抽象がなされなくてはならぬ。ヘーゲルが法律の担い手を人格としたとき、そして「みずから人格であれ、他を人格として尊敬せよ」と命ずるのが法律であるとしたとき、彼のいう人格はもうカントのいう人格ではない。カントの人格はそれぞれの自律において尊厳なる人格であったのにたいして、ヘーゲルの人格は法律のまえに平等なる人格である。——法律はまず自由実現の手はじめとして人格が物件を支配する所有 Eigentum において、つぎに人格と人格との契約 Vertrag において、さらに法の侵犯による不法とその処罰において語られる。この三つの契機は、ヘーゲルの全体系をつらぬいている弁証法——措定 Position・否定 Negation・否定の否定 Negation der Negation——がここにもあらわれているわけで、つまり所有が法律の即自的 an sich な普遍性 Allgemeinheit を示し、これにたいして契約が法律の対自的 für sich な特殊性 Besonderheit を示し、そして処罰が法律の即自的にして対自的な個別性 Einzelheit を示すのである。くだいていうと法律は、ざっととらえれば所有であり、ひるがえってとらえれば契約であり、そしてつきつめてとらえれば処罰である。処罰は不法の否定、つまり法の否定の否定であり、法の自己肯定である。——この三段構えの道行は、すでにふれたようにフィヒテにあってもみられるものだが、これをその全体系にわたって徹底したのはヘーゲルであった。

さて「法律」がこのようにたどられたあとで、「法律」にたいするものとして「道徳」Moralität が問われる。法律の担い手が人格であったのにたいして、道徳の担い手は主観 Subject である。ヘーゲルが主観とよんだのは、自由意志を意志する自由意志——つまり自律的なる意志である。道徳は自由意志の主観的で内面的な実現である。だからここでは、これまでの道徳哲学の問題が、例の弁証法的な三段構えにのせながら要約せられる。まずみずからの行為を自らの予定 Vorsatz と一致させる責任 Schuld が、つぎに自らの意図 Absicht がみずからにもたらす福祉 Wohl が、さらに善 Gut と良心 Gewissen とが語られる。

だが、ヘーゲルによれば、このような「道徳」はしょせん主観的なものであって、これでけっして完結したものではない。そこで、客観的だが具体性に欠ける「法律」と、具体的だが客観性に欠ける「道徳」と、この対立する両者の総合として具体的にしてしかも客観的な「人倫」Sittlichkeit が求められる。この「人倫」こそはまさにヘーゲルが開いた倫理学の新領域であって、これによって、彼はカントが完成した近代倫理学すなわち道徳哲学をのりこえて、現代——近代と区別する現代——の門口にたったのである。

「人倫」は自由の最高の実現である。それは「道徳」におけるようなたんに内面的な自由ではなく、さればとてまた「法律」におけるような、たんに抽象的な自由でもない。それは「社会」においてあらわになった、もっとも現実的で具体的な倫理である。人倫のあらわれとしての社会をヘーゲルは、ここでもまた三段構えに、家族 Familie と市民社会 bürgerliche Gesellschaft とそして国家 Staat に求めている。家族は人倫の出発点として、それは抽象的に平等なる人格によってではなく、成員 Glied（手足、からだの一部の意）によって支えられる。ここで問われた家族は西欧近代の個別家族であって、したがって婚姻とともにはじまり、子供の成年そして婚姻をもって終る家族である。つぎに市民社会――この当世流行の用語に、用語そのものはすでに英国においてあらわれていたけれども (civil society)、これほどはっきりした意味を与えたのはヘーゲルであった。市民社会を支えるものはいうまでもなく市民 Bürger (ブルジョワ)であるが、市民とは自由平等の個人である。自由平等の個人がおのおのの欲求をほしいままにするとき、そこにはホッブスのいわゆる「万人の万人にたいする戦い」を結果せずにはおかぬ。そこで「原子論の体系」であり「欲望の体系」である市民社会は、ついに「人倫の欠如態」とならねばならぬ。労働・分業・階級といった経済的問題とならんで、司法・警察・社団といった法律的問題がここで語られる。

家族において措定せられ市民社会において否定せられた「人倫」は、家族をも市民社会をもともにそのうちに包む国家において、はじめて否定の否定として自らを肯定する。国家こそはまさに人倫完成の場である。国法は「法」(客体化された自由)の最高の示現である。その国法が国内法 inneres Staatsrecht と国際法 äusseres Staatsrecht とに対置せられ、そして世界史 Weltgeschichte のうちに止揚せられる。――「法」の哲学は「歴史」の哲学に移ってゆく。

第十章　現代の倫理的状況

近代から現代へ　ルネサンスにはじまる近代は十九世紀にきわまるといえよう。個人の自覚・社会の進歩・世界の拡大・自然の探求——たがいに他を牽制しながら、近代の形成という共同の目的に協力してきたこれらの契機は、十九世紀においてことごとくその限界に到達する。そしてこの限界を突破することによって、まこと不気味なる現代が開かれる。それまで建設に働いていた力が、こんどは逆に破壊に働く。その転換期をわれわれは十九世紀中葉にみとめる。十九世紀は近代の終幕たるとともに、現代の序幕である。

フランス革命（1789）から十年、欧州全土をまきこんだナポレオン戦争で世紀は明けた。ウィーン会議（1815）でその結末がついて、しばらくは比較的おだやかな復古調の年代がつづくが、やがてフランスの七月革命（1830）がそれを破る。ヘーゲルの死がその翌年だが、このへんが時代のひと区ぎりである。ヘーゲルの死後その学派が左・右・中に三分して、そのうちで唯物論的な左派のみが栄えてゆく形勢は、また時代の形勢でもあった。大陸の諸国が、先進国イギリスにならって、急速に近代化の努力をするのはこのころからである。そのさいに、イギリスが漸進的にたどった道程を、大陸諸国はいっきょに走破しようとするのであって、それは改革ではなく革命の道をとることが多かった。こうした気運のもとに世紀中葉、フランスは大革命から数えて三度目の——二月革命（1848）を経験する。二月革命はただちにドイツの三月革命に引火し、ウィーン会議このかたの保守反動の立役者メッテルニヒを失脚させたほか、欧州の各地に波及した。マルクス＝エンゲルスの「共産党宣言」Manifest der kommunistischen Partei が発せられたのも同年である。

世紀中葉において、あらゆるものはがらりと一変するようである。——とくに社会主義は、それまでのサン・シモン Saint-Simon（1706～1825）やフゥリエ Charles Fourier（1772～1837）やロバート・オーウェン Robert Owen（1771～1858）やにみられるいわゆる空想的社会主義 Utopian Socialism から、マルクス Karl Marx（1818～1883）とエンゲルス Friedrich Engels（1824～1895）とに代表せられるいわゆる科学的社会主義となった。空想的社会主義が欠陥多い現実の社会を攻撃しながら、しかし理想の社会をその名のごとくただ空想するのにとどまったのにたいして、科学的社会主義はその劃然とした唯物史観のうえにたって、現在の資本主義社会が必然的に崩壊して無産労働階級 Proletariat の私有なく搾取なき理想社会がきたるべきことを、そしてそれまでの過程としては暴力による革命も是認すべきことを説いた。このように過激なる社会主義が実力をもってくるのは、世紀中葉から以後のことである。

さて世紀後半——のちに世界史を左右するにいたる国々がつぎつぎに登場してくる。めぼしいものだけを拾っても——日本の開国（1854）、イタリア王国の成立（1861）、南北戦争の収拾とアメリカ合衆国の統一（1861〜1865）、日本の明治維新（1868）、プロイセン（ビスマルク執政）を中核としてドイツ帝国の統一（1871）といったふうにである。こうして世界の各国家が国際的には民族国家としてならびたったとき、国内的には社会主義がようやくさかんになった。民族国家の形成も社会主義の育成も、もとは近代的な自由の追求という同じ根に発しながら、世紀末では両者がすでに深刻な矛盾のうちにおかれる。

とくに八十年代以後、おくればせに参加したドイツをもいれて列国はもはや残り少ない海外植民地の奪いあいに狂奔する。国家はいまや帝国主義の相貌を示してくる。あたかもそのとき、国内では社会主義に導かれて、労働運動その他がはげしい社会不安をかもしだす。——ひるがえって日本は、日清戦争（1894〜1895）、日露戦争（1904〜1905）勝利によって、東洋の新興勢力となった。

「世紀末」にみなぎった不安や矛盾やは、すべてそのまま二十世紀に持ちこされた。その前半の五十年の間に、われわれはすでに第一次・第二次の世界大戦を経験している。しかも世界史の動向はいっこうに安定の兆をみせない。

現代倫理学の方向　カントにおいて近代倫理学は完結し、そしてヘーゲルにおいて現代倫理学は出発する——とわれわれはさきにいった。ではヘーゲル以後百年あまりの間に、倫理学はどのように発展してきたか。それを系統だてて語りつくすことはとうてい不可能である。われわれはその主だった方向を指摘することで満足しよう。

ヘーゲル以後の倫理学は、ヘーゲルにおいて「人倫」という形で合流せしめられた「個人」的な道徳と「社会」的な法律とが、ふたたび袂をわかって、一方では「個人」を追求する求心的な方向に、そして一方では「社会」を探究する遠心的な方向にすすんだといえるであろう。このさいに注意すべきことは、こうして究められようとする「個人」も「社会」も、もはやかつてのままの個人と社会ではないこと——いいかえると近代的なそれではなくて、すでに現代的なそれであること。そしてさらに、こうして究めてゆく方法もまた、かつてのようにただ哲学的な方法だけではなく、科学的な方法——とくに十九世紀このかた異常に進歩した自然科学の方法がとられたこと。そしてまたさらに、概括的にいうならば、「個人」の追求にはどちらかといえば哲学的方法が、「社会」の探究には科学的方法が好んでとられたこと。そしてさいごに、こうした研究の結果、「個人」と「社会」とはますます分離してしまって、こんにちなお両者を架ける橋を見出しえないこと——である。

「社会」を主題とする倫理学は、つまるところは人類全体の幸福をめざしているといえる。

このばあい、そのような人類全体の幸福は可能なのだという、いわば一種の楽天観が、これらの倫理学に共通の基調となっている。この系列に属する倫理学として、たとえばイギリスの功利主義 Utilitarianism、フランスの社会学派 Sociologisme、ドイツの唯物論 Materialismus などをあげることができるであろう。おなじく「社会」を主題としながらも、国情の違いによって、かなり違った形をそれぞれにとっているところが面白い。

功利主義は、広い意味でのプラグマティズム（実用主義）Pragmatism の倫理学的側面とみることができる。功利主義は、もともと経験論にたつ英国倫理学にとっては当然の帰結であるが、とくにベンサム Jeremy Bentham (1748〜1832) が、快・幸を増し苦・禍を減ずることをはかる「功利の原理」のみが、倫理にとって唯一の原理であるといいきったとき、ひとつの主義としてはっきり出発した。「最大多数の最大幸福」the greatest happiness of the greatest numbers という有名な標語もベンサムのいいだした言葉である。ところで、この標語にしてもそうであるが、ベンサムは「幸福」をほとんど一方的に分量として考えている。「快楽計算」hedonistic calculus という考えかたなどはそれを代表するもので、ある行為の善・悪の判定は、その行為にまつわる快・苦を、あたかも金銭の貸し借りのように、対照表にして算出できるという考えである。あまりにも一方的に割り切りすぎたベンサムの説を修整し、とくに幸福には性質の別が大切なことを強調して、より洗練された功利主義を説いたのがJ・S・ミル

John Stuart Mill (1806〜1873) である。

フランス社会学派はデュルケム Émile Durkheim (1858〜1917) によって樹立されたが、それはさかのぼればコント Auguste Comte (1798〜1857) にはじまるともいえる。実証主義 Positivisme を提唱し、「社会学」をはじめて独立の学としてうちだしたのはコントである。この伝統をひきついで、デュルケムをはじめ社会学派の人びとは、実証的な倫理学をめざして努力している。とくに未開社会や民間習俗の研究などによって、事実としての道徳に迫ろうとする彼らのやりかたは注目してよい。Éthologie (倫俗学) などというのも、彼らの提唱するところである。

ドイツ唯物論は、ヘーゲル左派にはじまる。ヘーゲルの死後、その学派が左・中・右と三つに分裂して、そのうち唯物論をとる左派だけがとくにめだってくる。フォイエルバッハ Ludwig Feuerbach (1804〜1872) は人間の幸福を軸として「共歓」Mitfreude の倫理学をうちだした。ドイツ唯物論は、マルクス Karl Marx (1818〜1883) およびエンゲルス Friedrich Engels (1824〜1895) によって、科学的社会主義として大成される。

以上のような「社会」を主題とする倫理学にたいして、「個人」を主題とする倫理学は、今日にあってほとんど失われかけた主体的個我の再確立をめざしているといえる。個我の確立というだけのことなら、それはまさに近代道徳哲学の主題であった。しかし、そのばあい、個我の確立ということは、楽天的な希望とともに語られたのである。しかるに現代にあっては、その尨大で複雑な社会機構のなかで、個我とか人格とかはほとんど埋没して意味を失いかけている。このような絶望的な状況のもとで、あえて「個人」を主題としようとする倫理学には、それゆえに一種悲壮な危機意識が基調となっているといえる。この系列の倫理学としては、まずなによりも実存主義 Existentialism があげられる。このほか、いわゆる生の哲学 Lebens-philosophie、価値倫理学 Wertethik なども、この系列に数えてよいであろう。

実存主義はデンマークの孤独の哲学者キェルケゴール Sören Kierkegaard (1813〜1855) にはじまるとされるが、ハイデッガー Martin Heidegger (1889〜1976)・ヤスペルス Karl Jaspers (1883〜1969)・マルセル Gabriel Marcel (1889〜1973)・サルトル Jean-Paul Sartre (1905〜80) など、説くところはそれぞれに違っている。しかし、「実存」と訳された existentia (〜がある) はもともと essentia (〜である) にたいする言葉であり、不安と孤独と虚無におちいりがちな今日のけわしい状況のもとで、あえてこの我の存在を確証しようという点だけは共通である。

生の哲学としめくくられる一派の人びとも、ありきたりの哲学の方法を捨てて、根源的な「生」そのものに迫ろうとした点で、おなじ系列にあげることができる。古くは「共苦」Mitleiden の厭世哲学を説いたショーペンハウエル Arthur Schopenhauer (1788〜1860)。大胆に「一切価値の転換」を説き、これまでの道徳はすべて「奴隷の道徳」なりとして、「超人」Übermensch の倫理をうちだしたニーチェ Friedrich Nietzsche（1844〜1900）。いわゆる道徳のほとんどは枠にはまった「閉じた道徳」であるとして、「開いた道徳」への「生命の跳躍」élan vital を説いたベルグソン Henri Bergson（1859〜1941）。カント倫理学の形式主義を批判して、実質的な「価値倫理学」を提唱したシェーラー Max Scheler（1874〜1928）なども、この系列のうちに数えることもできる。

　このようにして、二つの系列の倫理学をくらべてみるとき、われわれがまず気づくのは、両者の間のいかんともなしがたい断絶である。「社会」を主題とする系列の代表としてマルキシズムをあげ、「個人」を主題とする系列の代表として実存主義をあげて、「マルキシズムか実存主義か」はこんにち好個の論題となっている。しかし、この論題にかぎらず、人類全体の幸福をめざす巨視的・遠心的な倫理学と、主体的個我の確立をめざす微視的・求心的な倫理学とは、どちらも「人間」の問題としては共通だなどと、あっさりは片づかないのである。

第十一章　倫理の自覚

倫理学史の回顧　われわれはこれまでのところ、古代から現代にいたる倫理の歴史を、とくに各時代の倫理思想と、それをふまえた倫理学説とを、なるべく関連させるようにしながら扱ってみたのである。

倫理の歴史をとおしていつも問題となっているのは、なんとしても個人と社会との関係ということであろう。すなわち、個人と社会とが「習俗」のなかで素朴ながらに調和し、人間をめぐる事柄が習俗を頼りにすべてなんとか片がつくとき、そこではまだ倫理学というような学問はとくに必要とならない。ところが、個人の自覚がすすみ社会の進歩がめだってくるにつれて、どうにも習俗だけではまにあわなくなってくる。そこで、あらためて習俗が反省され吟味されることになるが、このとき倫理学という学問がはじめて必要となる。それゆえ最初の倫理学は、まずは習俗の学として出発するのである。ethica（倫理学）が ēthos（習俗）にその名を負うのは、じゅうぶんに理由のあることといわねばならぬ。

ところで、前五世紀のギリシアにはじまった倫理学は、古代・中世・近代と二千年以上もの間、いつもその主題を「道徳」においているといえる。つまり、倫理学は道徳哲学といいかえても、まったくおなじことであった。しかし、道徳哲学という点ではおなじでも、古代・中世・近代の倫理学で、「道徳」の意味はかなり違っている。古代倫理学の道徳は、まだじゅうぶんに習俗との区別がつかぬ、いうならば習俗の尾のとれない道徳である。これにたいして中世倫理学の道徳は、あきらかに習俗をこえた道徳をめざしている。しかしそれは、おのずと習俗をこえるにいたった道徳ではなくて、むしろ宗教の力でむりやり習俗からもぎ離された道徳である。近代倫理学の道徳にいたってはじめて、道徳はまず「自然」と対置され、さらにはまた「法律」と対応させられることによって、自我の人格の信念という純粋な形にしぼられ、ようやく習俗をのりこえた道徳となった。

しかし個人と社会との関係を、道徳と法律との対応として二元的におさえる図式は、近代という枠のなかでこそ通用したものであり、現代にあってこの図式はもはやこのままでは通用しない。いまや深刻な分裂と混乱におかれているのが、この両者の関係である。せっかく個我の信念として定着した道徳であったが、足もとをさらわれて戸迷っているのが今日のありさまといったところである。現代はどうやら、あらゆる問題について、過去の一切のゆきがかりをご破算にして、もう一度はじめから出なおさねばならぬ時代のようであるが、個人と社会との高次の調和をめざす「人倫」についても、おなじことがいえるのかもしれない。

倫理的自覚の階梯　われわれは以上のような倫理の歴史の回顧のうえにたって、今日に生きるこのわれわれ自身の人間としてのありかた、現代の倫理を展望してみたいのである。ところで、現代の倫理というような論題になると、人はとかく肩肘をはって、りきみがちである。何ぞというとすぐ、右か左か、個か全か、平和か革命かというような、のるかそるかのきびしい岐路にたっているのだという点ばかりが、あまりにも強調されすぎるようである。

現代の倫理的状況がそのようなものだということに、われわれはべつだん反対しようというのではない。それどころか、このような二者択一のけわしい断崖に追いつめられた状況こそが、まぎれもない現代の事実だということは、ついさきほどわれわれも指摘したばかりである。ただ、われわれがここでいいたいのは、これは現代のいわば第一義の道だということである。第一義の道、それはけっしてウソとはいわぬ。しかし、第一義の道だけでどこまでも通そうというのは、これはどうにも息のつまる話だ。現代はたしかにきびしい時代である。だが、このようにきびしい世にも、多くのひとは多くのばあい、昔ながらにあいも変らぬ、たわいもない喜びと悲しみのうちに、生まれ、育ち、老い、そして死んでゆくのだ。そしてこれもまた、まぎれもなくおなじ現代の事実というものである。このようなまことに平凡きわまる、だが一面からいえば、それゆえにかえって、涙ぐましいまでに厳粛ともいえる人間の生活、そのようなものの面白さにもっと眼をむけてもいいのではないか。

いったいに倫理だの道徳だのというと、人はとかくカミシモをつけたがる。議論も公式論に走りやすい。おもてむきの見解とひそかな本心との間にはずれがあって、ひそかな本心はできるだけ隠し、もっともらしい公式の見解ばかりをおし出そうとする。

遠慮なくいうならば、これまでの日本の倫理は、いくらもっともらしいことがいわれても、だいたいは「習俗」で片がつく程度のものであった。せいぜいのところ、西洋の古代倫理にみるような、「習俗の尻尾をつけた道徳」でじゅうぶんであった。中世倫理にみるような、宗教によって「むりやり習俗からひきあげられた道徳」もほとんど無縁のものだし、まして近代倫理にみるような、血みどろの努力の末にようやく獲得した「個我の信念としての純粋な道徳」はまったく無縁のものといってよい。

ところが、日本人は新しがり屋で、先物買いが好きなのである。ものには順序ということがあるのに、いきなり一足とびに最尖端のものにとびつく。それでけっこうある程度までは自分のものにしてしまうのが日本人の一種の才能ともいえるようで、あながち悪いとばかりはいわないが、しかし現代における二者択一のきびしい対決の倫理は、西洋のばあい、二千年にわたる曲折の末にようやく到達した最後の結実なので、それをいきなり移入してまるで我物顔に説きたてても、それはまるで板につかない。

われわれは現代の倫理の考察を、いきなり尖端的なところからはじめるのではなしに、身についたところから順序を追ってたどってみたい。

第十二章　習俗への着目

習俗と習性　習俗は慣習風俗をつづめた言葉と解してよいであろうが、このほかにも風儀・風習・故習・慣行・時流・流俗など、こうしてひとつひとつならべてみると、すこしずつ語感のずれはあるけれども、ふつうにはまず同じように用いられているといってよい一連の言葉がある。これらはすべて、風・流・慣・習・儀・俗・行・時など、数個の文字のいわば順列組合せともいえるのであって、それらのもともとの意味にはそれほどの違いはないはずである。これら一連の言葉を代表させるつもりで、ここでは習俗と用いるのであるが、それというのも、習俗はこれを慣習と風俗とに分解しただけで、風俗といえばふつう、時代・社会とともに変化する服装の流行といったような外的現象をとくに思うであろうし、慣習といえばふつう、個人の習慣に対応する社会の慣習というようないわば内的構造を思うであろうから、すでにもうかなり違った二側面が露呈するのである。習俗はそれをひとつにした、含みのふかい言葉といえる。

ところで習俗というと、ふつうは何らかの意味で珍奇な習俗をただちに連想することが多いようである。いわゆる習俗は、大きくいって三つに要約できるかもしれない。すなわち、第一には現代人からみて前代の習俗、第二には文明人からみて未開の習俗、そして第三には都会人からみて田舎の習俗であるが、これらはすべて、今日にあってみられることのまれな珍奇な習俗である。習俗が習俗としてことさらとりあげられるのは、このような珍奇さを多少とも誇張したうえで、しかもいわゆる文明人の優越感を幾分か加味したうえでのことが多いかと思われる。習俗はまるで人々の懐古癖と異国趣味と好事心とを満足させるためにだけ存するかのようにすらみえる。どうしてそのようなことになったのか。それは、習俗が注目されたのは、まず自分らのとはちがった他の時代・社会の習俗についてだったからである。自分ら自身の習俗は、あたかも自分自身の顔がそうであるように、自分にはかえってみえないのであり、またみようともしないものである。それはあらためてとりあげるには、あまりにもあたりまえすぎるのである。これにたいして、とりあげられることの多い珍奇な習俗は、いうまでもなくそれはそれとして習俗であるにはちがいないが、しかしそれが習俗のすべてとはいえない。それどころか、それらは習俗のわずかな露頭ともむしろいうべきで、習俗のゆたかな鉱脈は、そんな遠くわれわれを離れたところにではなく、いとも近くわれわれとともにあるということができる。われわれはしごくあたりまえなこのわれわれ自身の習俗をまず顧みたいのである。

習俗という文字がすでにそれを示しているように、習俗は特定のある時代・社会の習慣である。習慣は、個人について、その第二の天性であるとしばしばいわれるが、まったく同じ意味習慣は熟するときは、もはや習慣としてことさら意識されることなく、あたかも生まれながらの本性からそうしているかのように思われるというほどの意味であろうが、一歩すすめていうなら、こうして獲得せられた第二の天性と、そして生得のままの第一の天性——そういうものがあるとして——との間にどれほどの差があるのだろうか。他の動物については知らず、すくなくも人間については、その生まれながらの素質をあまり強調することは、かえって危険であると考えられる。「習、性と成る」——習慣が性質となるという言葉もあるが、むしろ習慣こそが性質であるといってもよいのではあるまいか。習慣は第二の天性ではなくて、むしろ習慣がすなわち天性なのである。時代・社会の習慣にほかならぬ習俗についても、まったくおなじことがいえる。習俗とはまさに、ある時代・社会をいかにもそれらしく特徴づける「型」であり「風」であり「流」である。個人のなり・ふりに対応する社会のなり・ふりが習俗だということができよう。

　ところで人間は、抽象的に人間であるというよりまえに、まず具体的に特定のある時代・社会に属している。人間はまず彼の置かれている特定の時代・社会の人間として、いかにもそれらしく生きており、また生きようとしており、また生きるほかはない。英雄偉人はその時代・社会を超越するといわれるが、しかしそれも程度の問題であって、彼らといえどもしょせんは時代・社会の児たることをまぬがれはしない。たとえば戦後の日本人であるわれわれは、好むと好まざるとにかかわりなく、いかにも戦後の日本人らしい。ということはつまり、われわれがそれをとくに意識しようとすまいと、われわれは戦後日本という特定の時代・社会の「型」つまり習俗とともに生活しており、またそこから逃れきることはできないということである。とすれば、およそ人間であるかぎり、そして彼が「生活」するのであるかぎり、習俗とまったく無縁な人生というものはありえない。それどころか、生活の名で総称されるものの大部分は、はやい話が朝おきて三度の食事をし夜ねる――というこのもっとも平凡なことすらが、ふつうはほとんどそれと意識されることもないけれども、じっは習俗とともになされていることなのである。衣食住とひとまとめによばれるような生活の基本的な部分については、習俗は個々人の習慣に溶けいってしまって、すっかり身についた、それこそ第二の天性となっているために、とくに習俗として意識するにも及ばぬ自明のこととされているが、しかしそれでも、それはやはり習俗なのである。

個人のばあいには「習慣」といい、社会のばあいには「慣習」という日本語の慣用も面白いことだが、つまりは個人の習性と社会の習俗とが二つ別ものではなく、両者がたがいにふかく滲透しあい投影しあっていることを示しているともいえる。人間は「社会的動物」といわれるが、より具体的には「習俗的動物」といいたいところである。そしてさらに、「習俗的動物」

は「習慣的動物」といいかえても、ほとんどおなじことだ。

習俗と本能　ところで、衣食住のばあいとかぎらず、人間にとって自明とされることがらは、しばしば本能の名で片づけられようとする。本能とはまことに便利な言葉であるが、しかしこと人間に関するかぎり、その濫用はできるだけ慎まなくてはならない。人間について語られるもっとも代表的な本能といえば、食欲と性欲との二つであろうが、人間の食生活・性生活において、本能的なものはあるにしたところでごくわずかである。なるほど食生活・性生活は食欲・性欲とよぶ本能をその源泉とするかもしれないが、しかし人間の具体的な食生活・性生活はいちいち本能にまで還元する必要はなく、それを決定しているのはむしろ習俗であるということができる。

たとえばクウとタベルという二つの日本語の意味をくらべてみる。クウはクワエルに通じ、物を口に入れるという生理的な表現であり、タベルはタマワルであって、物を人からもらうという倫理的な表現である。このように区別して用いるなら、人間はタベルからこそクウのであって、クウからタベルのではない、といえる。すくなくも正常の状態にあっては、タベルという倫理のほうがクウという生理より先行する。食欲とよぶ本能よりも食事とよぶ習俗のほうが、人間の食生活にあっては大事なことである。というより、ふつう人間は、食事と食欲とをべつだん結びつけていない。それをむりにも結びつけねばならぬのは、つまりは食わねば死んでしまうというときなので、それは饑饉とか大病とか、ともかく例外的なばあいにかぎられる。

性欲についても同じことで、たとえば男女が互いに惹かれあうことでも、それはたとえばサカリのついた雌猫が発散する特有の臭いに誘われて雄猫が集まってくるというような、そのような本能的なものによって惹かれるとはかならずしもいえないのであって、むしろ習俗によって幼時からそれが男女のありようとして習慣づけられた結果といえる。さらにいえば男女の別そのものすらも、人間のばあいにはたんなる生理的な雌雄の別とはいえない。人間の性生活にあって、生理的な雌雄の別は表面にでることのまれな、むしろ二次的なものでしかない。フランスの小話に、どちらもまだいとけない姉の王女と弟の王子が、広間の壁にかかった裸体画をみながら、弟の王子がこれはいったい男か女かといぶかしがると、オシャマな姉の王女がしたり顔に弟をたしなめて、「おバカさんねえ、着物をきせてみなければ、そんなことわかるはずがないじゃないの」というところがあるが、まことに人間の男女とは、たんなる動物の雌雄ではないのであって、その時その所の習俗に従って男らしくまた女らしく粧うものの別とこそいうべきである。たんなる雌雄の別なら素裸にすればわかることだが、男女の別はかえって着物をきせてみてわかる、ともいえるのである。

ほとんど習俗などを語ろうともせず、ふつう本能の名で安直に片づけがちな人間生活の領域にすら、かりにもそれが人間生活とよばれうる以上は、意外なまでに習俗はその支配力を及ぼしているといえる。人間と動物とをへだてる境界が比較的にあいまいな、それゆえにこそ本能が手がるにもちだされる領域においてすらそうなのである。まして、まさしく人間だけのものであることがはっきりしている生活の部門になればなるほど、習俗の支配力は徹底してくる。「個人にその日常のプログラムを示すのは社会である」といったのはベルグソン（『道徳と宗教の二源泉』）であるが、まことに彼のいうように、「家庭生活を営むことも、職業に従うことも、日常生活をあれこれと配慮することも、買物することも、街を散歩することも、または自分の家にいることさえも」、じつは社会の習俗の示してくれるプログラムに従ってはじめて可能なことなのである。なぜならば、われわれは生活の一歩ごとにどの道を選ぶかを迫られているのだが、それがふつうそれと意識されず、まずは習慣的に生活の大部分を通りすごしているというのは、それだけ習俗があらかじめはっきりと道をつけておいてくれるために、個人はまるきり迷わずにすむからのことである。とすればこのばあい、習慣的に生活するというときの、その個人の「習慣」は、あきらかに社会の「習俗」の投影というべきである。それをややもすれば動物なみの「本能」にまで引き戻そうとするのは、これはあきらかな誤まりといわねばならない。

礼儀と流行

われわれはさきに習俗を、ある時代・社会をいかにもそれらしくみせる「型」

——形式・様式としてとらえた。「形式的」という言葉は、一方では内容がともなわない・実質より以前の意味とともに、一方では（カントの場合のように）内容にこだわらない・実質より以後の意味をもっているが、習俗はまさにその両方の意味で「型」なのである。

ところで、もともとは同じく「型」の意味であるmannerとmodeとが、それぞれ「礼儀」と「流行」と訳し分けられているのはたいへん面白いことである。われわれは礼儀と流行とを、どちらもその広い意味に解して、習俗のいわば両極を代表させようと思う。習俗は一方においては旧習をできるだけ墨守しようとする保守的な面とともに、一方においては新風をできるだけ導入しようとする革新的な面をもっている。ふつう習俗といえばその保守的な面だけに注目することが多いけれども、しかし二つの面がそろってたがいに補いあってこそ習俗を支えかつ進める両輪となるのであって、それをどちらか一方にきめてしまうのはまさに文字どおりの片輪である。ただ違いといえば、時代と社会の異なるにつれて、あるときは保守的な、またあるときは革新的な面が、他の一方よりめだっているだけのことである。

われわれは習俗の保守的な面の定型化を「礼儀」と解し、革新的な面の定型化を「流行」と解するのだが、このようにみるとき、礼儀と流行とは要するに習俗の古い型と新しい型との違いなのであって、両者の間にはふつうに解せられているほどのへだたりはない。なぜならば、古い型はそれにかわる新しい型ができたからこそ古い型とされるのであって、古い型が型となった当初はそれが新しい型だったのである。逆にまた、新しい型もやがてこれにかわるさらに新しい型ができれば、古い型のうちにくりこまれる。このようにして礼儀と流行とはたえず順送りに交替する。そしてこの交替を通じて、あたかも新陳代謝が個体の生命の原理であるように、習俗そのものはつねに古くまたつねに新しい生命をもちつづける。習俗とは、礼儀と流行とを両極として、ある時代・社会をそれと特徴づけるさまざまな生活の「型」の織りなす体系である、ということができる。

習俗の一般妥当性　習俗的であるとは、自分の置かれた時代・社会の人間らしく生きるということである。それは具体的には、できるだけその時代・社会の礼儀を守り、その時代・社会の流行に遅れないことである。——このことはいうは易い。しかし厳密にいうならば、習俗に全面的に従うということは、じつは第一には不可能なことだし、また第二には無意味なことでもある。

まず第一に、習俗が全面的に守られるということはありえない。——習俗は、礼儀と流行とをその両極として同時に包んでいる。ところがふつう、礼儀と流行とはまるで氷炭あい容れぬものと解せられている。礼儀ただしい古風な人間は新しい流行とまずは無縁であり、流行にさとい新式な人間は古めかしい礼儀など顧みようともしないのがふつうである。だからして、礼儀ただしくしかも同時に流行にさといということは、ごくふつうの意味でも容易ならぬことである。

また、習俗というものは、それらのひとつひとつをとればそれなりに真実でありながら、しかし全体としてみるとき同じ時代・社会の習俗がしばしば平然として自己矛盾を犯している。それをなによりもよく示すのは、多くのひとのすでに指摘している諺の矛盾であろう。たとえば「武士は食わねど高楊枝」という一方では「腹がへっては戦ができぬ」というように、同時に右を向いて左を向けというような、できない相談を習俗は平気で命ずるのである。このようないろいろの理由において、習俗に全面的に従うということは、これはとうていありえないことである。

といってしかし注意せねばならぬのは、習俗がまったく守られないということも、これまたありえないのである。礼儀を守らぬ・流行に反するといったところで、それは程度の問題なのであって、反俗的ないわゆる「変人」とても、じつはかなりの程度まで習俗を守っているといえる。変人はわざと習俗に楯つこうとするのだが、しかしそれはバンカラも一種のハイカラであるようなもので、ことさら反俗的になろうとするのは、それだけ習俗を意識しているからのことといえるのである。もっとも反俗の度がすぎてどうにも始末のつかぬほどであれば、それはいわゆる「変態」かまたはりっぱに「狂人」であって、つまりもう平常な人間のことがらではない。倫理の問題ではなく、病理の問題となってしまう。

ところで第二に、習俗を全面的に守ることは、それが不可能というだけでなく、また無意味でもある。――習俗はややもすると「形」（マンネリズム）にのみ拘泥して、かんじんの「心」（ヒューマニズム）を忘却しがちである。いたずらに煩瑣なテーブル・マナーなどをはじめとするいわゆるエチケットの類はその最たるものであろうが、このような礼儀はテンニィス（Ferdinand Tönnies (1855～1936) : Sitte）もきめつけているように「精神をわすれた習俗」である。また、猫の目のようにつぎつぎと変る服装のモードなど、このような流行はおなじくテンニィスのいうように「本質をすりかえた習俗」である。このような悪しきマンネリズムの習俗は、せいぜいが守れるばあいには守ろうという程度でよいのであって、それを無視したところで、すこしばかり社交の円滑がさまたげられるまでのことである。それをいちいち全面的に守ろうとするなどは、およそ無意味といってよいのである。

といってしかし、いうまでもないことだが、礼儀と流行のことごとくが無意味だなどというのではない。それどころか、およそ人間たるかぎり否応なく従わねばならぬ礼儀と流行、それを干犯するときは人間性そのものが危機にさらされるような習俗がある。われわれはこれをヒューマニズムの習俗とよんでもよいが、これこそはまさに人間らしい生活・社交・社会――おしなべて「倫理」の基底でなければならない。

このようにみるとき、習俗は完全に守られることもなければ完全に背かれることもなく、いつも適度に守られそして適度に背かれることになる。カントにならって、きびしい「普遍性」とややゆるやかな「一般性」とを区別すれば、習俗の要求するのは一般妥当性まででじゅうぶんということになる。

習俗の構造とその限界　このようにして普遍的にとまではいえないがしかし一般的に守られているのが習俗であるといえようが、では習俗を守る根拠はどこにあるのか。個人が社会の習俗を守ろうとするのはどういう気持からであるか、また社会が個人にたいして習俗を守るべきものとして課しているのはどういう理由からであるか。あえて区別していうならば習俗を守ろうとする個人の心理と、習俗を守らせようとする社会の構造と――この二つはいうまでもなくたがいに補いあうことがらであるが――この二つに習俗を支える根拠を求めることができよう。

個人が社会の習俗を守るということは、自分ひとりだけ風変りなことはしないで、なるべくまわりの皆のしているようにしようという気持であり、慣れないことをするまい・型やぶりをするまい・仲間はずれになるまい・人なみになろう……という気持からであるが、これはそうすることがなんとなく安心がいくからであり、逆にそうしないことがなんとなく不安だからである。ここには「正常」normal と「異常」abnormal とを区別し、そして正常をよしと是認し、異常をあしと非認する心理が働いているということができる。まわりの皆がそうしている習俗が正常なので、自分もまたその正常をとるということなのである。だが、なんでもないようで、ここにすでに問題があろう。社会の習俗がそれと認めたからこそ、個人はそれを正常と感ずるのか。それとも逆に、個人がもともと正常と感じたことが、くりかえされて習俗となったのか。個人の感覚がさきか社会の習俗がさきか――この問題はよくいわれる鶏と卵のあとさきのようなものであるが、個人の感覚と社会の習俗とのこのようなからみあいをもっともよく示すものとして、われわれはとくにタブー（禁忌）とよぶ一連の事象に注目したい。

世界普遍的な事象といえるであろう「タブー」とは、まさに正常と異常とを区別し、そして正常をえらび異常をさける個人の感覚と社会の習俗とに与えられる名であるといってよい。ところで、ここで問われる「正常」と「異常」との別は、真偽・善悪・美醜などのようなふつうの差別とは、よほど違ったものであることを注意しなくてはならない。たとえばデュルケム（『宗教生活の原初形態』）が「聖」「俗」の区別をたてたとき、彼はこれを絶対に隔絶しあう質的な対立として注目したのである。この聖俗の別にくらべれば、たとえば善悪の別などといったところで、これは要するに「俗」の領域内でこそ問われる道徳的ということについて、より多く道徳的かより少なく道徳的かという程度の差でしかない、とデュルケムはいいきっている。すなわち、真偽・善悪・美醜というようなふつうの価値の尺度が適用されるのは、もっぱら人間の手におえる「正常」の領域内でのことであって、「異常」なる領域については人はもはや真偽・善悪・美醜などを問おうとはしない。あえて「異常」なる領域に人間的な尺度を適用しようとすれば、それは極端な真・善・美でしかも同時に極端な偽・悪・醜とでもいうほかはない。このように不安で危険な「極端」は避けて、安心で穏当な「中庸」を守ろうとするのがまさにタブーであるが、それがまた習俗を守ろうとする気持であるということができる。

ところで、タブーはいつ、どこでもみられる普遍的な事象というばかりでなく、その具体的なひとつひとつの事例をとってみるとき、それらは時と所の制約をこえてまことに驚くほどの共通点を示しているが、まったく同じことがタブーに支えられている習俗についてもいえるのであって、習俗はその外面上のヴァラエティにかかわらず、その内実においてはじつに大幅な共通点を指摘できるのである。タブーと習俗とのこのような相関に注目するとき、基本的なタブーはそのまま基本的な習俗であろうことが予想できるのであるが、それがまさにそのとおりなのである。たとえばテンニィスは死と女とを習俗をしめくくる二つの中心として注目しているが、同じ二つのものがまたいつもタブーの代表であることは、たとえば日本の禁忌で、死をめぐる「黒不浄」と女をめぐる「赤不浄」とが一対の呼称になっていることからもわかるであろう。

ところでさて、これまで語ってきた「正常」と「異常」との別は、すこしずつ言葉の焦点をずらしてみれば、平凡と非凡との別ともいえるし、また卑俗と神聖との別ともいえる。とすれば、習俗は「正常」をよしとし「異常」をあしとするのであるが、これは一方では中庸と正道とを守って極度と変態とを避ける穏健でもあるが、また一方では凡庸と卑俗とに安んじて非凡と卓越とを顧みない因循でもある。「タブー」という言葉はもともとのポリネシア語では「特に徴をつけた」というほどの意味というが、習俗では「特徴」あるものの一切が、つまり独自性とよぶべきよい意味の特徴も、変態性とよぶべきわるい意味の特徴も、いっしょくたにして忌避され敬遠されることが多い。変態性を拒否するまではよいのであるが、そのついでに独自性までも排斥するのであっては、習俗はもはや悪習とよぶほかはない。

ところで、習俗はこの意味での悪習に陥ってまでも、あえて自分の「型」を固執しようとする。ここでわれわれは、それほどまでに習俗を守らせようとする社会を問わねばならない。テンニィスは習俗の場を、彼の用語での「共同社会」Gemeinschaft にとくに求めている。これにたいして「利益社会」Gesellschaft はむしろ習俗を捨てようとしている、というのが彼の見解である。彼によれば社会の近代的な文明化とは、共同社会的なものから利益社会的なものに大幅にすりかわってゆくことを意味するが、その意味から近代社会・近代国家は習俗を急速に忘れようとしている。テンニィスは見はてぬ夢を追うがように習俗を語るのであるが、われわれは習俗の場をもっと広く解して、むしろベルグソンの「閉じた社会」société close という用語に注目しよう。ベルグソンによれば、ふつう社会の名でよんでいるものは、近代国家のようなすこぶる広大な社会とても、一定数の個人をそのなかに包含してその他の個人をそこから排除しようとするワクであるかぎり、すべて「閉じた社会」である。これにたいして「開いた社会」société ouverte とは、そのような排他的なワクをまったくはずした社会であって、それは端的な人類全体をおいてはない。ところで、人類全体は「開いた社会」としてすでに実現しているかといえば、けっしてそうはいえない。ふつうの解釈では家族→都市→国家→人類というように、社会のワクを段階的にひろげることによって最終のワクとしての人類に達するとしているが、しかしたとえ世界国家とよぶような最大の社会が実現したとしても、それは最大限にひろげられたワクであるかぎり依然として「閉じた社会」なのであって、それと「開いた社会」すなわち端的な人類全体との間には、「生命の飛躍」élan vital によってはじめてこえられるべき質的な断絶が横たわっている。

われわれはまさにベルグソンのいう意味で習俗の場を「閉じた社会」にとることができると思う。習俗はけっしてテンニィスのいうように「共同社会」のものとはかぎらず、彼のいう「利益社会」についてもわれわれはじゅうぶんに習俗を語りうるが、しかし習俗はいつも具体的な特定の「時」と「所」と「人」との制約を負うており、この閉鎖的なワクをのりこえることはできない。いなむしろ、閉鎖的なワクを無理にもおしつけようとするのが社会の習俗というものなのである。

もっとも、このワクがテンニィスのいう「共同社会」にあって、とくに顕著であることも事実であろう。都会と田舎との別がただちに利益社会と共同社会との別とはいえないけれども、習俗がより大きい強制力と拘束力とを個人にたいしてもつのは、あきらかに都会においてよりも田舎においてである。もちろん比較的な意味でいうことだが、都会人がまず自分をみつめるとすれば、田舎者はまず世間をうかがうのである。村の生活は習俗のガンジガラメであって、習俗をはなれてなにひとつ行動することも許されない。柳田国男氏がとくに方言の形容詞について、ほめ言葉とけなし言葉をくらべるとき、圧倒的に後者が多いことを注意しておられるのは、これはたいへんに面白いことで、つまり、とくに村の生活では習俗のワクがきちんときまっていて、そのワクをはみだそうとするとたんにピシャリとたたく言葉だけがとくに用意されているわけで、習俗のワクのなかにいるかぎりは安心で無事で平穏であり、とくにほめることもけなすことも要らぬからといえるであろう。

たしかに習俗は「べし」と積極的に命令するよりも「べからず」と消極的に禁止することのほうが多い。「閉じた社会」はその外周にぐるりと習俗のいかめしい禁札を立てめぐらしている。ところで、いったん禁札でかこまれたワクの内側に入ってしまえば、そこではかなりいかがわしいことまでが平気で放置されている、というのが習俗のありようである。つまり「閉じた社会」にとっては、その閉鎖的なワク——内と外との境界そのものが大切なのであり、そのワクがくずれて内と外との交通が自由になるのが困るのである。だからこのワクを破ることは、それが習俗の背反すなわち「変態」でも、それが習俗の超克すなわち「独創」でも、いっしょくたに禁ずるのである。

ここにわれわれは習俗の限界をみとめなくてはならない。習俗はある時代・社会をいかにもそれらしくみせる型であった。そして習俗を守るということは、いかにもその時代・社会の人間らしく生きることであった。人は多くのばあい、彼が「常人」とよばれうるかぎりは、ことさらにそれと努めないでも、おのずからその時代・社会の人間らしく生きている。それは時代・社会の「型」にはまった生活である。この生活はなによりも安穏無事であって、そこには庶民のつつましい幸福が保証せられている。だが、人は暮夜ひとり目ざめて、自分の生きかたをしみじみと思うことがある。二度とない自分の一生がこれでいいのであろうか、型にはまった毎日の生活のどこに「自分」というものがあるのか。そのとき人は、自分がはまっている時代・社会のワクをつきぬけて、世間の思惑を気にしないでひたすらに「自己」の信念に生きたいと願う。真の「道徳」がまさにここから出発する。

習俗と道徳　「習俗と道徳」という論題は、ふつう「礼儀と道徳」との比較という形でしばしばとりあげられている。ただ、われわれとしてここでひとつ注意しておきたいのは、このおなじ論題は、対置された「礼儀」と「道徳」のどちら側に足を据えるかで、調子がかなり違ったものとなるであろうことである。さらには、ふつうは「道徳」の側に足を据えた論議が多いであろうということである。

たとえばカントのばあいなどもそうであって、純粋な道徳の原理をこそめざした彼としては当然のことともいえるけれども、礼儀は道徳への通路ともいうべき、一段ひくいものとみなされている。カントによれば、礼儀は「社交の規則」であり、それは経済の規則や衛生の規則などと同列に考えられている。また一方、礼儀は道徳的な「趣味」として、真正の道徳的な「信念」から区別されている。

「総じて礼儀とよばれるものは、つまりは美しい仮象 schöner Schein にほかならない。それらはいつもほんものとはかぎらない。といってしかし、ただちにまやかしというのではない。なぜなら、礼儀をどう受け取るかはだれでも心得ていることだし、さらに大切なことは、はじめは好意と尊敬とのむなしいしるしでしかないものが、礼儀をとおして、しだいにほんとうの信念にまで導かれてゆくからである。交際における人間的な徳はすべて補助貨であり、それを正金ととるのは子供ばかりである。だがしかし補助貨でも、ないよりはましなので、それをまるで価値のない遊戯の点取札のようにいうのは、人間性にたいする大逆である。ただ、われわれ自身の内なる善の仮象は、これは容赦なく拭いとらねばならぬ。仮象はこんどこそはまやかしなのであるから」。「交際において歓（よきもの）と徳（よきこと）とを一致させるのが人間らしさというものである。礼儀は道徳と比べるとき意義浅くみえるかもしれぬが、しかし社交の歓を知らぬ犬儒派の潔癖と隠者の禁欲とは、徳のわらうべき戯画像である」。「礼儀は道徳性を外面的に促進する傾向をもつ。人間を彼の社交の場でしつけよく gesittet することは、彼を道徳的によく sittlich gut する準備である。礼儀は外的現象における道徳性である」。

とくに『人間学』におけるカントのこのような見解は、習俗と道徳とについての、まずは常識的な見解を代表するといってよかろうが、これはなんとしても「道徳」の側にたっての見解である。これにたいして「習俗」の側にたっての一例として、テンニィスのばあいをあげよう。

テンニィスは、習俗と道徳との区別はその対象によってきまるのではなく、むしろ対象をみる視点によってきまるとする。つまり、習俗というときは対象のかくある事実にとくに注目し、道徳というときはそのあるべき理念にとくに注目する。だからして、習俗はいつも特定の「民」と特定の「所」の習俗として問われるが、道徳は一般に「人」たるものの道徳として問われる。習俗がある行為を命ずるとしても、それは頭から命令をふりかざすのではなく、その社会その時代の人びとが皆それをやっているという具体的な事実のうえにたって命ずるのである。これにたいして道徳は、最初から理念として命ずるのであって、たとえ事実としてとうてい実現しそうになくとも、しかもなお断乎として命ずるのである。比喩でいえば、習俗と道徳とは、それぞれ現金と手形とになぞらえられる。裏づけのない手形が割れないように、道徳はしばしば当為たるにとどまって事実とならぬことがある。しかしまた、素性のよい手形ならば、いちいち現金にかえてみるまでもなく現金同様に通用するように、筋のとおった道徳ならばそのまま事実同様に通用する。

テンニィスの見解は、カントのそれとくらべて、まるで違うというのではない。しかし、これはあきらかに「習俗」の側にたっての見解である。偶然のように二人とも金銭による比喩を用いているが、これまたわれわれにはたいへん面白く思われる。

ところで、習俗と道徳ということについて、われわれはここで、善についてまた悪について、積極的なそれと消極的なそれとを区別しよう。この区別こそは、習俗と道徳との違いをもっとも端的に示すものと考えられるからである。

ここで消極的な善とは、ただ悪ではないというだけの善である。消極的な悪とは、ただ善ではないというだけの悪である。ところで、一般に善とほめられ悪とけなされるものの多くは、じつにこの意味での善悪であって、習俗にかかわる善悪もまさにこれであるといえる。習俗は正常と中庸とを求め、異常と過度とを避ける。ところで、求める正常と中庸とはそれ自体として確立しているわけではなく、ただそれらが異常・過度でないというだけのことなのである。異常・過度をマイナスとすれば、正常・中庸はマイナスでないというだけのことで、なにもプラスとまではいえないのである。いや、はっきりとプラスである正常・中庸ならば、それは習俗にとってはもう正常・中庸ではなく、すでに一種の異常・過度である。習俗の善はこのようにしてプラス・マイナスどちらでもいけない、いわばゼロとしての善である。

「お変りありませんか」「ご無事でなによりです」というありふれた挨拶にしても、言葉の文字どおりの意味に解すれば、これほど人をばかにした挨拶もない。ここにはただ退嬰的な事なかれ主義がみられるばかりである。しかし、これが習俗の善であり、われわれにもっともなじみふかい善なのである。まったくのところ、積極的に善いことをしたというよりも、消極的に悪いことをしなかった、というほうが、あっさり実感として入りやすいのではあるまいか。善いことをしたと自信をもっていいきるのには、いろいろと屈折した反省がひっかかるため、へんにねじれた気持になることが多いが、その点、悪いことをしなかった、しないですんだというほうは、あっさりとおる気持である。世にいう「善男善女」とは、すべてそうした人間である。

だが、このようなしょせんは消極的でなまぬるい善悪にたいして、積極的できびしい善悪はまさしく「道徳」にかかわる。この善悪ははっきりとプラスかマイナスであって、ゼロにとどまることを許さぬ。しかも、あたかも毒が薬になりまた薬が毒にもなるように、積極的な善と悪とはたがいにはげしく転換しあう。真の「道徳」とは、まことに危険きわまりない劇薬ともいうべきで、それを信じそれを行なうには、自己のすべてを賭ける覚悟が要る。その覚悟がつかなければ、なまじ「道徳」などとりきまないほうがよい。そんな付焼刃の「道徳」をふりかざすよりも、じっくりと「習俗」を身につけることのほうが先決である。

第十三章　道徳をめぐる問題

道徳とは何か　たとえば、これからの日本人の道徳はどうあるべきか、というようなことがいわれる。ほんとうのことをいって、もういいかげんうんざりする質問だ。それにたいする解答も、それぞれの立場から、だいたいもう出つくしたといってよいのではないか。にもかかわらず、問題そのものは堂々めぐりをしただけのことで、いっこうに進展していない。どうしたことなのであろうか。なにしろ問題が大きすぎる、そう早急に結論が出るはずはない。そうかもしれない。だが、それもそうだがそれよりも、これからの日本人の道徳——という、そのかんじんの「道徳」の意味が、それを用いる人ごとにすこしずつ食い違っているからといえるのではあるまいか。これでは、いくら具体的に「これからの日本人の道徳」をあれこれ論じてみたところで、つまりはルールのない泥試合も同じことで、いつまでたっても果てしはない。ここらでもう一ぺん「道徳」という、このまことにありふれた、だれでもわかりきったつもりでいる言葉を見直してはどうであろうか。

道徳とは何か。いろいろのいいかたができようが、道徳とは要するに「われは何をなすべきなか」ということだ、といってよかろう。ところで、ここでもまた、「われは何をなすべきか」などというと、いきなり深刻な顔をしてしまうのである。「あるかあらぬか、それが問題だ」――ハムレットの有名なせりふもどきに、生きるか死ぬか・乗るか反るか・右か左か……というような、厳しい二者択一の意味にだけ解してしまうのである。もちろん一生のうちに何度かは、このような厳しい意味での「われは何をなすべきか」に迫られるであろうし、これをしも第一義の道徳とよんでよいであろう。しかし、これが道徳のすべてではない。「われは何をなすべきか」は、そう深刻にばかり解する必要はないのである。もっとゆるやかな意味に解することができるし、むしろそうしなければならない。たとえばはやい話が、きょうの昼食はパンにしようかウドンにしようかということでも、これはこれなりに「われは何をなすべきか」にちがいない。そんなつまらぬことが、というかもしれないが、しかし、人生の大部分はこのような、「第一義」とはけっしていえない瑣事でしめられているのであり、しかも、これらの瑣事をぬきにして人生というものはありえないのである。とすれば、パンにするかウドンにするかを、われわれは軽蔑してはならない。これもまた第一義のとはいわないが、じゅうぶんに道徳の課題たりうるのである。道徳をいたずらに崇高なものとばかり祭りあげてはならない。道徳は一面いたって身近なものである。まさにこの点が、これまでの日本人の道徳観で、もっとも忘れられているところではあるまいか。

西洋倫理学史を回顧すると、ギリシアの昔から現代にいたるまで、道徳にたいする二つの考えかたが、あるいは対立しながら、あるいは併行しながら、いつもみられることに気がつく。それはふつう、幸福説 Eudemonism および完全説 Perfectionism と呼び分けられている。道徳の目標は「人間の幸福」にあるとするのが幸福説であり、「人格の完成」にあるとするのが完全説である。「われは何をなすべきか」にたいする、まさに手ごろな二つの解答といってよい。そして、「われは何をなすべきか」をきびしく解したい人には、おそらく「人格の完成」というかめしい解答が気にいるであろうし、ゆるやかに解したい人にはおそらく「人間の幸福」というゆったりした解答が気にいるであろう。もちろん、どちらか一方にきめてしまう必要はない。ただ問題としては、幸福な人間になることと人格を確立することとは、そのどちらか一方でさえ容易でないばかりでなく、ややもするとたがいに矛盾しあうことである。ふつうの意味で幸福な人間になるためには、なまじ人格の確立などとりきみかえらぬほうが無事であろうし、逆に、人格を確立するためには、世俗的な幸福などはあえてかえりみない覚悟がいるであろう。だがそうすることによって、幸福を求める人はややもするとぐうたらな遊蕩児に終るし、人格を志すひとはややもするとひねくれた偏屈者に終るのは、どうしたものであろう。

この矛盾をいかに解決するかが西洋倫理学の、いなむしろ倫理学などというより以前の西洋倫理思想の、いつに変らぬ主題であったといえるようである。ところでこの解決は、人間の幸福といい人格の完成というのも、ほかでもないこの自分の問題だというところに、求められてきたといえる。倫理学の真の創始者といわれるソクラテスが「汝自らを知れ」と説いたのも、まさにその意味でのことである。道徳の問題は他人事ではない、ウロウロ外を見まわすよりも、まず自分自身をみつめろ、と彼は説くのである。近代倫理学の総決算をしたといえるであろうカントが、道徳のまといがちな外被、頼りがちな支柱を遠慮なくはぎとって、生粋の道徳を「自律」としてとらえたのも、まったく同じ意味だといってよい。自律とはつまり「自分のことは自分でする」ということだ。それは、「自分のことは自分でできる自由」を意味するとともに、だからこそ「自分のことは自分ですべき義務」をも意味している。カントの好んで使う表現をかりれば、まさに「汝なすべきがゆえになしあたう」のであり、道徳とはまず自分自身にたいする責任であり、自由である。道徳はふつう神の掟・世の習というふうに、自分以外のまた自分以上の何ものかと解せられているが、これはとんでもない間違いである。道徳はあくまでも自分の問題である。自分の行為をとおして自分を生かすことが道徳なのだ、とカントは説いているといってよい。

道徳とは、すくなくとも純粋な道徳とは、まさにそういうものだと考えられる。道徳とはあくまでも、この自分の自覚であり信念であり行為である。「われは何をなすべきか」も、まさに、このわれが何をなすべきか、ということなのである。それからさき、このわれが「人間の幸福」を求めようが、「人格の完成」を志そうが、それはさほど問うところではない。私は私なりの幸福を求め、私なりの人格を志すであろう。その途次にあって、私はいくつもの矛盾や障害に出会うかもしれない。その解決に私は苦しむのであろう。そのさい私は、人に頼ったり神に祈ったりするかもしれないが、しかし最後のところは、自分できめるほかはないのである。私はそれによって、すこしずつでも私らしくなる。私が私らしくなろうとすることが、これがとりもなおさず私の道徳である。道徳はまず、この自分の道徳であるということが、これまでの日本人の道徳観にもっとも欠けているのではなかろうか。

道徳とはまず自分を生かすことである。われわれはここから出直さなくてはならない。そのような自分を生かす勇気が、これまでの日本人にいちばん欠けていたものだ。というよりもあるいは、自分というものを考えることすらが、これまでの日本人には少なかったといえる。自分のことを考えるのは、自分のことばかりを考える利己主義と往々にして混同されている。自分のことは考えないで、自分以上のもののために自分を捨てることのみが、つまり「滅私奉公」のみが美徳としてすすめられてきたのである。もちろんここでは、その「滅私奉公」の徳を否定しようなどというのではない。ただ、滅私——自分を捨てるというからには、あえて捨てようと覚悟するほどの「自分」がまずあってこそのことであるが、果してそれほどの「自分」の自覚があったかということなのである。「忘れた」と「知らない」は違う、とよくいわれる。

知っていたからこそ忘れたといえるので、はじめから知らないものを忘れよう道理はない。同じ意味で、持っておればこそ捨てるといえるので、はじめから持たないものを捨てるもないのである。かんたんに口にされる「滅私」には、ややもするとこのような空虚な響がある。

ところであらためて、「自分」とはいったい何なのか。いうまでもないことながら、自分にとって自分ほど身近かなものはなく、これほどわかりきったものはないはずである。にもかかわらず、さて「自分とは何か」と問いかけてみると、これほどにまたわからぬものもない。自分の正体は、いくら自分ひとりになって部屋にひきこもり、深刻な顔で腕組みをして、さて「自分とは何か」と考えつめたところで、けっしてあきらかになるものではない。自分とは、他人あってこそ自分なのであり、自他の織りなす世間あってこそ自分なのである。だからして、自分と他人との関係、社会においてしめる自分の役割などが明らかになってはじめて、自分の正体もまたあきらかになる。いなむしろ、われわれが実際に自分なるものに気づきはじめる順序がそうなのであって、われわれはいきなり自分というものを抽象的に考えはじめるわけではなく、まずお隣りの太郎クンやお向いの花子サンと容貌・性別・才能・境遇などを具体的にくらべあうことから、少しずつ自分というものを考えはじめるのである。そして、年齢とともに、つきあう世間がより広くなればなるほど、世間にもまれればもまれるほど、ますます自分というものもはっきりとわかってくる。自分をより深く知ることは、それだけ世間をより広く知ることである。

ところでここに、「分を知る」という言葉がある。それはふつう、身のほどを知る・自分の限界をわきまえる・みずからの運命を甘受する……というほどの、消極的なあきらめの気持で口にされる。とすれば、われわれの自分を知る努力は、ただ自分に早くみきりをつけるため、ということになりはしないか。そんなバカなことはない。われわれはここで、「汝自らを知れ」というソクラテスの標語が、もともとは神殿の扉銘であったことを思いだす。そして、扉銘としての「汝自らを知れ」は、神が人にむかっていう言葉として、人間は人間としての分をわきまえよというほどの、敬神をすすめる句であったことを思い出す。しかるにソクラテスが「汝自らを知れ」というとき、それは「自分の根本的な無知をさとれ」ということであり、そしてそのような自分の根本的な無知に目ざめることが、かえって真知への愛をはげますということなのである。「分を知る」という言葉が、消極的な意味あいから積極的な意味あいへとあざやかに転換している実例をわれわれはここにみるのである。「分を知る」のは「あきらめる」ことだといってもかまわない、ただしこのばあい、「あきらめる」の本来の意味においてならばである。すなわち、日本語の「あきらめる」は「あきらかにする」ことであり、それは消極的な「諦観」というより、むしろ積極的な「覚悟」である、という意味においてのことである。

これからの日本人は、もっと自分を知り、もっと自分を信じ、もっと自分を生かすようにしなければならない。これからの日本人の道徳はどうあるべきかと聞かれれば、われわれはまずこのように答えたいと思う。ところで、そのように「自分」を知り、信じ、生かすことが、これこそがすなわち真の「道徳」だ——とわれわれは語ってきたのであるから、われわれの主張は、「これからの日本人の道徳」はもっと「道徳的」になることだという、奇妙な同語反復にきこえるかもしれない。しかし思いきっていわせてもらえば、これまでの日本人には、真の意味での「道徳」はなかった、少なくともすこぶるまれであった、といえるのではなかろうか。なるほど、道徳の名でよばれるさまざまなものはあった。しかし、それらはむしろ、真の道徳からはぎとられるべき外被にすぎなかったといえるのではないか。これからの日本人の道徳はどうあるべきかということも、これまでの道徳はこういう欠点があったがこれからの道徳はどうだというのではなくて、むしろこれまでの日本人には真の意味での道徳はなかったので、これからの日本人にあってはじめて真の道徳が育ちそうだし、またそうなるようにおたがいに努力しなくてはならぬ、ということではあるまいか。

幸福説と完全説　われわれはさきに幸福説と完全説のことにふれたが、その点をもうすこしくわしくみておくことにしよう。倫理観・倫理説を大づかみにおさえるのには、これはたいへん便利なモノサシということができる。たとえば、西洋の倫理学は大きくいえば幸福説を基盤とし、東洋の倫理観はこれまた大きくいえば完全説を中核としている、というふうに区別できるかもしれない。ついさきごろまで、東洋風の倫理観が支配していたわれわれ日本人には、どちらかといえば完全説のほうがなじみが深いといえよう。

また、おなじ西洋の倫理学でも、すでにみたように、時代・社会によって、この二色がかなりはっきりと染めわけられているとみることができる。すなわち、古代ギリシアの倫理学は大きくいえば幸福説であり、中世キリスト教の倫理学はこれにたいして完全説である。近代では、イギリス倫理学が幸福説であり、大陸倫理学が完全説である。この二つの流れがカントによって、やや完全説の側に片寄せてひとつにまとめられ、ドイツ理想主義として結実する。現代倫理学の二つに分裂している流れも、個人を求心的に問う流れは一種の完全説として、社会を遠心的に問う流れは一種の幸福説としておさえることができよう。

道徳を「人間の幸福」とともに語ろうという考えかたは、この世における人間同志の横のひろがりを基盤とした、此岸的・水平的な倫理観といえる。これにたいして、道徳を「人格の完成」とともに語るのは、現実をこえた高い理想を設定しているわけで、人間とそれを超越した者との縦のつながりを枢軸とした、彼岸的・垂直的な倫理観といえる。

ところで、幸福説・完全説の対比は、倫理観の特徴を大きくおさえるのには便利であるが、一歩深く立入って眺めてみると、どうもすこし奇妙なことにもなるのである。それは、人間の幸福の問題は、これを原理的に洗いあげてゆくと、いつのまにか人格の完成というところまで高まってしまうし、逆にまた、人格の完成の問題も、これを具体的に肉づけしようとすると、いつのまにか人間の幸福というあたりに迷いこんでしまうという事情である。もっとも、これはこのばあいと限らず、対比せられる二つの概念・主義の間では、いつもみられる現象かもしれない。たとえば、個人と社会、主観と客観、精神と肉体などすべてそうであって、その一方を問いつめてゆくと、いつのまにか他の一方にすりかわってしまうのである。幸福説・完全説もその一例ということになろうが、そのへんの事情をもうすこし追いかけてみよう。

幸福とは何か　まず、幸福とは何であるか。幸福という言葉をきいて人びとが思い浮べるものは、富裕・快楽・名誉・健康その他、まずは千差万別であるといってよい。しかも、おなじ人間がいつもおなじ幸福を求めているわけではなくて、おなじ人間の願う幸福でありながら、昨日の幸福はもう今日の幸福ではないというようなことがあるにもかかわらず、ともかくも幸福でありたいと願うのは、万人にいつもみられる自然の性情であるといってよい。幸福などすこしもほしくないという者があったとしても、それは他人のいうような意味での幸福はほしくないというだけのことで、自分なりの幸福はほしいにちがいないのである。そのさいに彼は、それを幸福の名でよぶことすら、あるいは拒否するかもしれないけれども……。

千差万別の内容を、幸福というひとつの名前でしめくくっていることに、すでに幸福の問題のむつかしさがあるといってよい。幸福という言葉がもともと何を意味したかをたずねるのも、問題を解くひとつの手がかりになるかもしれない。幸福にあたるギリシア語の eudaimonia は「よき守り神(daimon)をもっていること」であるし、英語の happiness は「できごと(happen)のうまさ」であるし、仏語の bonheur は「間(heure)のよいこと」であるし、独語の Glück は「運(luck)のよさ」である。日本語のシアワセにしても「物事がうまく出会っている」の意といえる。つまり、これらの言葉はすべて、幸福というよりもむしろ幸運を意味するものであった。ところで、運はめぐりあわせであり、むこうから転げこんでくるのを待っているほかはない。こちらから運を開くなどといっても、それはある程度までのことで、運が強いか弱いかはほとんど生まれながらにきまっている。いわば客体的に既定のもので、いくら努力したところでどうなるものではない。

　幸福がそのような意味での「幸運」にとどまるかぎり、それは呪術や文芸の対象とこそなれ、倫理学の主題となることはない。幸福が倫理学の主題となったのは、それがたんなる幸運であることをこえて、人間の主体的な努力によってかちとりうるものと確信されたときである。いうならば客体から主体への転回が行なわれたとき、幸福は倫理学とともに歩みはじめたのである。たとえばアリストテレスが「人間的な幸福」の内容として快楽・名誉・理性などを区別し、これをそれぞれ一般人・政治家・哲学者の考える幸福だとして、この順序により高き幸福をめざすべきことを注意したのも、幸福は人間にとって主体的なものだという確信のうえにたっているといえる。

ところでギリシア以来、じつに数多くの幸福論がすでに展開されているわけだが、今日にいたってもなお、その決定版ともいうべきものはみられないようである。なぜであろうか。いろいろの理由が考えられるであろうが、まず第一には、幸福が客観的にとらえにくいということではあるまいか。幸福が人間にとって主体的なものとされたのはけっこうなのだが、その主体性を強調するあまりに、幸福はたんに主観的・内面的な「幸福感」になってしまって、はっきりととらえられる客観性・外面性を欠く結果となってしまった、といえはしないか。幸福は心のもちようだといわれ、幸福は人にみせるためのものではないといわれる。たしかに一面はもっともなことだが、しかし、自分で幸福だと思えさえすれば、他人のみる目はどうでもかまわない、といいきれるだろうか。どうも簡単にそうはいいきれないと思うのである。それどころか実際としては、自分で幸福だと思う幸福よりも、むしろまわりの他人に幸福だといわれる幸福を願う一面もありはしないか。つまり、たんに主観的な幸福感というだけでは、もやもやとして頼りないので、もっと客観的にも定着した幸福を求めるのである。

自分ひとりで幸福だと思いこんでいるだけではなしに、他人にも幸福だといわれてみたいということであるが、第二にはまた、幸福は人間にとって主体的なものといわれても、もっと具体的にだれの幸福かがきめにくいということでもある。幸福は個人ひとりひとりのものか、それとも自他をふくめた社会全体のものかということでも、そう簡単にどちらか一方とはきめられない。一面からいえば、幸福と感ずるのはとどのつまりは個人のひとりひとりであるといえるが、また一面からいえば、ひとりきりでの幸福などありはしないということにもなる。

幸福説は、個人みずからの幸福をもっぱらとするばあいは利己主義 egoism とよばれ、他者の幸福をも求めるばあいは利他主義 altruism とよびわけられる。さらに、利己主義にあっては、求める幸福は個人にとってもっとも直接な感性的快楽であるがゆえに、快楽主義 hedonism ともいいかえられる。これにたいして利他主義にあっては、求める幸福は自他に共通な効用・功利であるがゆえに、功利主義 utilitarianism といいかえられる。ところで、利己主義・快楽主義といい利他主義・功利主義というと、両者はまるで正反対のようにみえるけれども、じつはそうではない。幸福が個人各自のものか社会全体のものかがそう簡単に割りきれる問題ではないように、この二つの主張もじつは互いに他を予想しあっているのである。そして両者の共通の立脚地は、快楽といい功利という、目にもみえ計ることもできる外面的・分量的な幸福である。古くはエピクロス派の「較量」の考えや、新しくはベンサムの「快楽計算」の考えなどは、まさにこのような幸福観に発するものである。

ところで第三に、幸福はいうまでもなく、外面的・分量的な幸福というだけでは片づかない。そこで、幸福の内容は何かが問題となるわけだが、そしてこの問題を扱った先例はすでにいくらもあるわけだが、にもかかわらず決定的な解答がでているとはいえない。

西洋倫理学における幸福説の展開については、だいたい次のような順序をたどることができよう。——まず最も直接の幸福として、肉体的・感性的な快楽が追求せられる。これが古代のキュレネ派・エピクロス派などの立場であるが、しかし、このような快楽のあくなき追求がけっして幸福をもたらすものでないことは、いわゆる歓楽きわまって哀情多きことは、経験がただちに教えるところである。そこで、このように一時的な快楽ではなく、もっと永続的な精神的・知性的快楽が追求せられる。肉体と精神、感性と知性とが区別し難いとすれば、すくなくともたんに肉体的・感性的な快楽ではなく、精神的・知性的要素をも加味した快楽である。この広義の快楽主義ならば、これは古くはプラトン、アリストテレスから、近代ではスピノーザ、ライプニッツ、シャフツベリなどにまでみられる立場である。しかし、いずれの立場をとるにせよ、多くの快楽を望めば望むだけ、それが不満足に終る率もそれだけ大きいわけであって、人はしょせん不幸からまぬがれることはできない。最も安全な幸福への道は、望みをできるだけ少なくすることである。望みが少なければ裏ぎられることも少ない。このような消極的な方向をたどって、人はついに無欲にして自足の立場にいたる。これが古代のキニク派・ストア派などの立場である。ところで、このような無欲自足の立場にいたれば、もはや当初の快楽の追求ということからはよほど隔っている。すでにこの方向での幸福の追求は限界につきあたったのである。そこで霊魂の満足としての幸福 Glückseligkeit ではなく、霊魂の救済としての祝福 Seligkeit が求められる。倫理的な場から宗教的な場への超絶である。新プラトン学派やキリスト教の倫理観は、この立場をとっている。

われわれはここで、現在のさしせまった不幸からのがれようとする悲願と、いちおうは幸福な現在にあって、より高き幸福をめざす探求とを比べてみよう。いわゆる幸福論をふりかざせば、前者は消極的幸福として、後者の積極的幸福より一段低いものとされるにちがいない。しかし、じっさいにわれわれが幸福として実感できるものということになれば、それはどうやら前者の幸福である。だいたいわれわれがこと改めて、しみじみと幸福を思うのはどういうときか。なんらかの不幸が目のまえに立ちふさがって、どうにかしてそれをつき抜けようと身をもがくときではあるまいか。そして、いつの世でもおなじことかもしれないが、ことに今日のようなけわしい世の中では、われわれのひとりびとり、自分についてなんらかの不幸の種をみつけだすのには事欠かないのである。このように不幸が充満しているがゆえに、逆にまた幸福への願いが切実なのが今日のありさまというものである。われわれはもちろん、目のさきの幸福にばかりこだわってはならないが、さればとてやたらと高級な幸福ばかりを設定しても、それでは幸福の実感が伴なわなくなる。ほんとうの幸福というものは、それを実感する主体にとって、たとえば勲章のような飾りものではなく、切れば血のでるかけがえのない自己の一部だということである。

幸福説の限界　さて、それぞれの立場による些細な変容はともかくとして、幸福説は一般に、意欲の満足は幸福または快楽を結果する、という前提のうえにたっている。たしかに、何かをしたいと思うとき、それがどんなことであっても、したいと思ったことがそのとおりになれば、よい気持になるのはあたりまえである。幸福説はこの自明の事実を前提とすることを強味とするが、じつはこの自明の事実に頼ることで根本的な錯誤を犯している。

よいことをすればよい気持になる。道徳の結果は幸福・快楽である。これは自明の事実である。だがその逆に、よい気持になるためによいことをする、とはいえまい。よい気持はすでによいことをなしとげたあとの結果なので、これからよいことをしようとするときの目的とはならぬ。幸福説は道徳の目的と結果とを倒錯しているのである。このことはさらにいうと、結果さえよければ動機はいかにあろうともかまわぬということにもなる。たとえば泥棒したいと思う場合、このしたいと思うことが首尾よく実現されれば、その結果としてそれなりの満足はあるであろうし、それが一種の幸福ないし快楽であることに変りはない。さればとて幸福ないし快楽が結果するからとて、ただそれだけの理由で、われわれは泥棒行為を是認するわけにはゆかぬ。幸福説が道徳の原理としてあいまいであるのは、それが道徳の結果にばかり注目するからである。そしてさらに、結果としての幸福ないし快楽を、目的とまた動機とすりかえることによって、混乱はますますひどくなる。

それからもうひとつ、幸福説はどういうものか幸福と快楽というかなり違ったはずの二つのものを、じつに不用意に混同している。代表的な幸福説——古代ギリシアのエピクロス派、近代イギリスの功利主義、どちらもそうである。幸福は、主観的ないわゆる幸福感の場合でも、それは感性的 sensuous とはいえても官能的 sensual とはいえまい。これに対して快楽は、日本語の「快楽」はとくにそうだが、感性的というよりむしろ官能的である。聖書のいう「眼の悦び」をわれわれは快楽とはいわぬ。快楽とは「肉の悦び」である。こうみてくると幸福と快楽とはうかつに混同できないはずなのに、どういうものか幸福主義はこれを混同することが多いのである。もし幸福が快楽とはっきり区別された気高い幸福を意味するならば、よしんばそれが原理的に多少あいまいでも、幸福主義にくみするにやぶさかではないであろう。幸福こそはいつの世にあっても、われわれが求めてやまぬ最初にして最後のものだからである。

さらにもうひとつ、幸福説はその展開の途中で、いつのまにか完全説と区別がつかなくなっている。われわれは幸福説の側から追いかけてみたのだが、このことは完全説の側から攻めてみてもおなじことで、要は人間の幸福といい人格の完成といっても、ほかならぬこの自分自身のことがらだという、まさにその点の掘りさげが足りないのである。

自己主張と自己否定　真の道徳についてもっともたいせつなのは自己・自我・自分であるといえる。しかし、このこともまた、ある意味ではいいふるされたことだ。「自己の発見」とか「自我の形成」とか「自分をたいせつにする」とか、いいかげん耳にタコのあたった言いまわしともいえる。では、そのような問題はもう卒業したといいきれるであろうか。どうもそうは思えない。……たとえば、日本人の道徳観は、敗戦を折目にしてまるで逆転したといわれる。戦前の美徳が戦後はことごとくといっていいほど無視せられ、逆に戦前はむしろ悪徳であったことが、戦後はかえって美徳として返り咲いているかにみえる。「自己」をめぐっての相反する二つの態度――自己をできるだけ外に表わそうとする「自己主張」と、できるだけ内に隠そうとする「自己否定」とにしても、まさしくその一例といえるのであって、戦前の道徳がひたすら自己否定を軸としたといえるとすれば、戦後のそれはもっぱら自己主張を軸としているといえるようである。

献身・滅私・無我・克己――戦前に栄えた一連のこれらの徳目は、それぞれに少しずつ問題の場面はずれているにしても、それらの文字どおりの意味が示しているように、すべて自己・

自身・自我の否定の上に成り立っている。「自己」はそれ自体としての完結的な意味を認められることなく、いつもたとえば、「家のため」「国のため」「君のため」「世のため」というように、自己より以上の何かのために否定せられ超克せられ、犠牲となるべき過渡的なものと考えられていた。このような戦前にたいして戦後の日本が、まるでムキになってといいたいほど盛んに自己主張をすすめるのは、これまであまりにも否定せられ抑圧せられてばかりいた「自己」の、まことにもっともな失地回復の努力ともいえるであろう。戦後の日本は、へたな遠慮はしないで自己をできるだけ前面に押し出し、自己の権利・幸福・個性・人格をはっきり主張することを美徳としてすすめている。

このかぎり自己主張と自己否定とはまさに正反対であり、そして、戦前が自己否定を讃えたちょうどその分だけ、戦後は逆に自己主張をすすめている——といえるであろうがしかし、戦前の自己否定がしばしば行きすぎやゆがみに陥ったように、戦後まだ日の浅い自己主張にも、すでにもう同じような欠陥がみられはじめているのではないか。「このごろの若いものは」——という嘆きも、これがありきたりの老人の繰りごとならば別にどうでもよいが、そうとばかりもいっておられないほど、寒心にたえない「自己主張」も横行している。「戦後の世の中はさっぱり味がなくなった」といわれる。まだそれほどのはずはない年齢層にまで、ありし良き日を懐かしむ風潮がすでにめだっているのは、決して健康な傾向ではない。なにかというとすぐ

「封建的」と目のかたきにするが、なぁに「封建的」のほうがまだしも美しい秩序があった——というようにボヤいたりする。これらをすべて自己主張・自己否定に結びつけるのは誤まっているにしても、それが戦後の世相を解くかなりたいせつな鍵であるとまではいえそうである。

つまり、自己否定がすべてまちがっていたとばかりはいえないように、自己主張ならばすべて正しいとばかりはいっておられない、ということである。自己主張・自己否定のそれぞれについて、その真なるものと偽なるものとを、ここで区別しておいたほうがよいかと思われる。自己主張でも自己否定でも、ほんものならばどちらも尊いのであり、にせものならばどちらも卑しいのである。

まず真の自己主張とは、そのようにあえて主張せずにはいられないほどの、確乎とした「自己」があってこそ、はじめていえることである。その自己がこう信じたことなればこそ、よし千万人の反対があろうとも、あえてその信念をつらぬき通す勇気も湧くのである。そして真の「自信」とは、まさにこのような勇気をいうのでなければならない。さらにまた真の自己主張は、他人にたいして責任をとるのはいうまでもなく、まさにこの自己自身にたいして責任をとることでなければならない。このように自己に責任をとることこそが最もよく自己を生かす道であり、そして自己を生かすことこそが真の「自由」というものである。真の自己主張とは、確乎とした「自己」に発する「自信」と「自由」とである、といってよい。これにたいして、これとしばしば混同される偽の自己主張には、そのようにあえて主張するというほどの確乎とした「自己」はないのである。これは「自信」ではなくて、たんなる「自慢」にすぎず、「自由」ではなくてたんなる「我儘」にすぎない。戦後ややもすればみられる嘆かわしい「自己主張」がまさにこれであって、かれらは身勝手に、自分の権利を主張するだけのこと、その権利と背中あわせになっているはずの義務については、いっこうにそれを顧みようとしない。

自己否定についても同じような二種を区別できるが、これは自己主張の場合のちょうど裏返しと考えればよい。すなわち真の自己否定の前提となるものは、さきの自己主張の場合とまったく同じく、ここでもまた確乎とした「自己」でなければならない。それがかけがえのない自己であり、惜しみてもなおあまりある自己ならばこそ、ぎりぎりのところまでその自己を主張しつくそうとするきわみに、にもかかわらずあえてそれを捨てようという覚悟がはじめて生きてくる。どうでもよいようなグウタラな自己ならば、はじめから捨てるも捨てないもないのである。真の自己主張が、「自信」であり「自由」であったように、真の自己否定もまったく同じく自信と自由とのうえに立つ、決然とした「自決」であり「自律」であるということができる。これに対して偽の自己否定には、これまたさきの自己主張のばあいと同じく、あえて否定するというほどの確乎とした「自己」は、はじめからありはしないのである。それは満を持して放つさわやかな「自決」ではなくて、へなへなと挫折する「自滅」にすぎず、敢然と自己を支配する「自律」ではなくて、気弱でやけっぱちな「自棄」にすぎない。偽の自己否定のこのような「自滅」と「自棄」とは、さきにみた偽の自己主張の「自慢」と「我儘」とのちょうど裏返しである。戦前の「自己否定」の少なくも何分の一かは、あきらかにこの種の偽の自己否定であった。それは滅私奉公という美名の安易な自己逃避であったり、自己犠牲という美名の卑劣な自己満足であったりしたのである。

このようにみてくるとき、自己主張と自己否定とはふつうまるで正反対のように考えられているけれども、そしてまた一面からいえばたしかにそれに違いないけれども、しかし両者は互いに絶縁したものとはけっしていえないのであって、それどころか両者は同一の盾の両面のごとく緊密に呼応しあっている。それは写真のポジとネガの関係にたとえてもよいであろうし、またプラスとマイナスの符号が違うだけで絶対値の等しい二つの数にたとえてもよいであろう。「隠すよりあらわれるはなし」といううまい諺があるが、これはまた裏返しに「あらわすより隠すはなし」ともいえることで、まったくのはなし、自己を隠す「自己否定」ほど雄弁な「自己主張」はなく、自己をあらわす「自己主張」ほど完全な「自己否定」はないともいえるのである。謙譲は自信に通じ、傲慢は卑屈に通ずる。ほんとうに「自信」があり「自由」である人間というものは、ことさら「自慢」をしたり「我儘」をいったりはしないで、むしろなるべく自分を隠すようにする。きびしい「自決」とつつましい「自律」とが彼のとる態度である。これにたいして、いざとなるとヘナヘナと「自滅」したり「自棄」に陥ったりする弱い人間ほど、かえってからいばりの「自慢」をしたり、かってな「我儘」をいったりするのである。

自己主張と自己否定とがいつも表裏一体であり、そして互いに転換しあうものとすれば、これをことさらに分離しようとするのがかえっておかしい――ということにもなる。自己主張また自己否定と呼び分けるのは、ただその時と場合で、その一方が他の一方よりきわだって見えるからのことにすぎない。とすれば、われわれにとって問題なのは、もはや自己主張と自己否定との区別なのではない。問題なのは、それが自己主張・自己否定のいずれにせよ、それが真のそれか偽のそれかということであり、それはさらに、自己を主張するも否定するもこれまた自己のすることにほかならぬがゆえに、そのように主張・否定するとともに主張・否定される「自己」とは何かということである。

自己とは何か　「自己」とはいったい何であるか。このようにいうと、あまりにも自明のことに、ことさら事を構えるようにとられるかもしれない。しかし、そうではない。あらためて問わぬかぎりはわかりきったつもりでいながら、さて問えば問うほどわからなくなってくるのが、それがまさに「自己」というものである。逆にそれだからこそ探究のしがいもあるというもので、二千四百年前にソクラテスのいった「なんじ自らを知れ」が今日なお生きているゆえんでもある。

「自己」とは、もっとも直接には、まずつねってみて痛いこの自分の身体であり、痛いと思う身体の感覚である。「自己」ということばはしばしば「自身」「自体」といいかえられ、またたとえば「身勝手」は「自分勝手」と同じことである。ところで、われわれはふつう自己の身体をいつも自己の身体として、とくに意識しているわけではない。とくに意識するまでもなく、自己と自己の身体とは一つになっているからのことである。それをとくに自己の身体として意識するのは、病気のときや怪我のときといった特別の場合に限られる。胃が痛むときはじめてわたくしは痛む自己の胃を意識するのであり、それは同時に胃の痛い自己自身を意識することなのである。痛い痒いがハッキリした病気はまだたいしたことはないといわれる。たしかに、痛い痒いと感ずることによって、われわれは痛い痒いと感ずる自己を、自己喪失の危機に迫られた自己をいわば再確認するのであって、それはまだしも余裕のあることといわねばならぬ。大病や大怪我の場合には、すでに痛い痒いの感覚はない――つまり、痛い痒いと感ずる自己を意識する余裕がないのである。

夢ではないかとつねってみる――というが、つねってみて夢ではなかったと安心するのは、つねって痛い自己の身体の感覚によって、自己自身の実在を確かめるのである。しかし、そんなにまで自己と直接な自己の身体にしても、生物学のいうところによれば、それを構成する何百億とかいう細胞は一部ずつ順ぐりにたえず新陳代謝をくりかえして、たしか十年くらいたつと全部がすっかり別になってしまうとのことである。とすると、人はその一生を通じて何べんも別の身体に生まれかわるともいえるわけで、「自己」とは自己の身体――「自身」だと簡単にはかたづかない。もって生まれた自分の身体は変えるわけにはゆかぬといわれ、それは「自己」は先天的な既定のものであるという意味を暗に含んでいるようであるが、このごろのように外科手術や整形手術が進歩すれば、たとえばダンゴ鼻もある程度まではギリシア型の隆鼻にも変えうるわけで、そうなると、自分の身体またはその特徴が「自己」のすべてだとはいえなくなる。「自身」はまさしく「自己」につながるが、しかし「自己」のすべてではない。

では、身体のそれぞれの部分またはたんなるその総和が「自己」なのではなくて、その全体をしめくくってこれこそ自分の身体だとする統一の意識と、さらにまた、十年昔と今とではすっかり別物のはずにもかかわらず、なおこれは自分の身体だとする一貫の意識と、つまりは時空を越えた統覚がすなわち「自己」だということになろうか。たしかに、そうもいえそうである。たとえば幼時と成人のときとを比べて、また素面と酩酊のときとを比べて、「まるで別人のようだ」というとき、これは裏返せば、「にもかかわらず同じ人だ」ということである。「まるで別人のようだ、にもかかわらず同じ人だ」というこの統覚は、ふつう他人の場合について働くことであろうが、しかし自分自身についても、われわれはしばしば同じように驚いたりあきれたりしているのである。だれしもある程度まで自己のうちにジーキルとハイドを住まわせているのだが、ふつうはうまいぐあいに、そのジーキルとハイドが「自己」という名のひとりになっていてくれるので助かるのだ。深酒のあくる朝の身をよじるような不安、また夢遊病者がさめたあとで自分の行動を聞かされるときの何ともいえぬ恐怖——これらはすべて、「自己」の統覚の断絶についての不安であり恐怖である。自己が宰領しえぬ自己があったのではないか、という不安と恐怖である。

だが、そのような「自己」の統覚の根拠は何なのであるか。「まず、目の前の壁を考えてみよ。そうしてさらに、このように壁を考えているもののことを考えてみよ。それこそが自己というものだ」といったのはフィヒテであるが、かれによれば、自己の意識をさらに意識するものが自己だということになる。これはうっかりすると、自己の意識することをさらに意識することをさらに意識することをさらに……といったふうに、際限のないことにもなりかねないが、われわれはここでは簡単に、自己とは何かと問う自己と、そのように何かと問われる自己との区別にとどめよう。ところで、この両者は二つ別物のわけではなく、自己はいつも問いつつ問われる自己であるとともに、また問われつつ問う自己なのであって、われわれが「自己」の統覚とよんだものも、つまりはこの両者の相即に根拠をもつといえるであろう。

ところでこのように「自己」の二面を分析するという道をとるとすると、すでに多くのすぐれた先例をあげることができる。――たとえばカントは、意志の原理として主観的な「格率」と客観的な「法則」とを区別し、両者が必然的に一致すべきことを定言命法として説いたが、この場合の「格率」は現実の自己といいかえてよいし、また「法則」は本来の自己といいかえてよいものである。本来の自己の呼ぶ声に応じて、現実の自己をそこまで引き上げることが、そしてそれによって自己を生かすということが、これがカントのいう道徳なのである。――またたとえばベルグソンは、われわれのひとりびとりが「自己みずからに属すると同じ程度に社会に属する」ことに注意しながら、各個それぞれに独自な「個人的自己」と他人とともに共通な「社会的自己」とを区別した。自己はいわば個人と社会との仲介者としてとらえられているのだが、ベルグソンはとくに個人のうちに社会が忍び込んでいる面に注意して、インドの密林のなかの一軒家にただひとり住む山番が、「自己自身への尊敬を失わないように」――ということはつまり、自己自身のうちなる「社会的自己」に敬意をはらって、ひとりきりの食事なのにいつも燕尾服に着替えるという、キップリングの文章をたいへんおもしろく引用している。――またたとえばフロイドは、人格の構造を「超自我」「自我」「エス」という三ッ巴の相関のうちにとらえようとした。「超自我」はまず良心とよんでもよいもの、「エス」はまず本能とよんでもよいものだが、フロイドによれば両者はいずれも無意識の心理過程であり、しかも両者はそれぞれ抑圧するもの・抑圧されるものという正反対の方向をとる。「自我」はなかば無意識的にこの両極の調停役をつとめるとともに、一方では外界の現実に対して意識的に働きかける。意識上の自己と意識下の自己とが区別せられ、とくに意識下の領域が鋭く注目されたわけである。……

自己と道徳　これらはそれぞれにすぐれた「自己」の分析といえるであろうが、しかしこれらは自己の内包する複雑な仕組を示してくれるだけで、かんじんの自己そのものの正体となると、それは依然として明らかにはならず、むしろかえって遠のいたとすらいえるようである。まったくのはなし、「自己」とはやっかいなものである。だが、われわれは次のようにいってみよう。——たとえば、このわたくしはわたくしなりにわたくしらしい。わたくしがわたくしらしいことの内容は、数えあげればかぎりもなく複雑であろうけれども、そのいっさいをしめくくったうえで、わたくしのこのわたくしらしさがすなわちわたくしの自己というものである。ところで、このわたくしのわたくしらしさは、わたくしにはじめからあったのではなくて、わたくしはわたくしの人生行路の迂余曲折を経てはじめてわたくしらしくなったのである。「いかにして人はそのあるところのものになるか」というニーチェのことばがあるが、「自己」についてもどうやらおなじ言いまわしができるようで、確乎とした自己とはいっても、はじめから確乎とした自己とよぶような何ものかがあるわけではなく、自己の努力によって自己がより確乎としたものになるのである。わたくしはよりわたくしらしくなり、自己はより確乎とした自己になるのである。

われわれは「自己」の考察にすこし手間どりすぎているかもしれない。しかもわれわれは、はっきりこれという結論に到達したとはいえない。そんなことより当面の問題は、自己は「主張」すべきか「否定」すべきか——ということではないか、としかられそうである。だがしかし、さきにもふれたように、ことに日本のばあい、戦前の自己否定にしてもまた戦後の自己主張にしても、それがややもすれば誤まったそれにはまり込んでいるのは、主張するにせよ否定するにせよ、そのかんじんの「自己」の把握が怪しかったからではあるまいか。自己をどのように把握しようと、それは各自の勝手である。しかし、それがその人なりにじゅうぶんの確信をもって把握した「自己」でないことには、自己主張も自己否定もただ近所迷惑なだけの話である。そしてまた、自己主張・自己否定などとれいれいしく看板をかける人間にかぎって、たいていがすこぶるいいかげんな自己把握しかしていないものである。自己主張また自己否定をあえてしようというからには、それをする前に少なくも一ぺん、そうして主張しまた否定しようとする「自己」とは何かを、本気で反省してみる責任があるといわねばならない。

ところで、そのように反省してみるとき、確かだったはずの「自己」の正体がかえってわからなくなることは、さきにみたとおりである。われわれの一応の結論は——自己というものが最初からあるのではなくて、自己が努力によって自己になるのが自己ということだ、というのであった。逆説的といわれるかもしれないが、けっきょくのところ自己とはそのように把握するほかないのではないか。ところで、自己が自己になるこの努力こそが本来の意味での「道徳」であり、われわれの問う真の意味での自己主張・自己否定とは、まさしくこの道徳的な努力の方向を示すものということができる。だから、自己主張と自己否定とではまるで正反対のようであるけれども、どちらもが窮極において自己を生かす道につながるのである。「身を殺して仁をなす」といい、「小我を捨てて大我につく」というのは、より低い自己の否定がすなわちより高い自己の主張につながることを、あるいは裏返しに、より高い自己の主張のためにはより低い自己の否定がなされねばならぬことを——自己主張・自己否定が自己を生かす道において表裏一体であることを示している。

　ふつうに自己主張・自己否定というときには、かんじんの「自己」は自明のこととして問わず、もっぱらその自己の何か——たとえば自己の幸福・権利・人格などを、積極的に主張するか消極的に否定するかの意味に用いている。このばあい、幸福・権利・人格などは、自己のいわば付属物のごとくとられているといってよいが、いやしくもあえて主張または否定しようというほどの幸福・権利・人格などが、たんなる自己の付属物であってよいものであろうか。それでよいというのならば、それはまことに身につかぬ幸福・権利・人格というほかはない。幸福・権利・人格などはたんなる自己の付属物なのではなく、自己そのもののかけがえのない部分であり、側面でなければならない。自己がはじめから既定のものとしてあるのではなく、自己が自己になるのであったように、自己の幸福・権利・人格も、はじめからそういう何ものかが、着けたりはずしたりできるアクセサリーのようにあるのではなく、われわれは努力して幸福なる、権利ある人格としての自己になるのである。

ところでさて、われわれが生きている現代にあって、この広大で複雑な時代と社会とのなかで、このような自己の探求がいったいどれほどの意味をもっているのであろうか。ことに現代の都会生活にあって、各人の個別的な自己というようなものは、ほとんど働く余地を失っているといってよい。チャップリンが『モダン・タイムズ』で諷したように、個人は社会という壮大な機械の、複雑にかみ合う歯車の、その歯の一つにも当らない。いわゆる封建制のもとで自己が規制され抑圧されたよりも、それはよりいっそう徹底的である。最も直接な「自己」の手がかりというべきこの自己の身体にしたところで、いつなんどき原水爆の一閃とともに、跡かたもなく雲散霧消しないものでもない。「自己」は現代にあって、まことに不安で頼りない孤児である。だがしかし、それゆえにかえって、自己はたいせつにしなければならないのである。たとえば戦後の日本のややもすれば安直な自己主張にしても、それがいけないというよりは、そんな安直な自己主張ではもう現代には通用しないということなのである。

自由とは何か　同じ問題をわれわれはさらに、おそらく今日においてもっとも活発に論ぜられる自由の問題に移して考えてみよう。

自由とはふつう、さまたげがなくて思いのままになることである。といってしかし、自由だから何をしてもいいというのではない。したいほうだいのことをする放縦は、自由とはまったく別であって、真の自由はいつも規律をともなうものでなければならない。――このようにいわれるとき、ここではすでに二つの自由が区別せられているということができる。

よく用いるいいまわしをとれば、それは「〜からの自由」と「〜への自由」の別である。まずふつうに自由といわれるとき、そのほとんどは「〜からの自由」であるといってよい。それは拘束・制約・障害・禁止など、すべて自由を阻むもののないことであり、つまり一言でいえば「不自由からの自由」である。だが、たんに不自由でないというだけの自由では、それはあまりにも消極的といわねばならぬ。もし不自由をマイナスとすれば、この自由は、ただそのマイナスの分をゼロにまで引きもどしたというにすぎない。これにたいして積極的にプラスである自由が、これが「〜への自由」である。それはたんに不自由をまぬがれているというだけでなくて、すすんでより高き規律・秩序・法則・理想へとむかう自由である。一言でいえば「より高き自由への自由」といってよいであろう。自由と規律との関係が論ぜられるのも、まずはこの種の自由をめぐってのことである。

不自由でないというだけの消極的自由と、すすんで自由であろうとする積極的自由との区別は、また感覚的・主観的な自由と理性的・客観的な自由の区別といいかえてもよい。また、すこし視点をずらせば、それは個人的・内面的な自由と社会的・外面的な自由の区別といってもよいし、さらに英語での慣用に従えば freedom と liberty との区別（「自由」は独語では前者と同系の Freiheit、仏語では後者と同系の liberté 一つしかない。英語だけが二つをあわせ用いている）とも呼応するといってよいであろう。ところで、こうして二つの自由を区別するとき、とくにあらためて問われる自由はといえば、それは後者の自由である。今日にあってとくに問われるのは、思想の自由とか言論の自由とか、おしなべて社会的な人権の自由のように思われる。ことにわが国のばあいには、そのような人権の自由がかならずしも努力によってかちえた自由とはいえず、いわば敗戦の落し子としての与えられた自由・借りものの自由にすぎないところから、ややもすると自由のゆきすぎ・自由のはきちがえ・自由のもてあましになりかねないのが今日のありさまである。規律ある自由が語られるのは、とくに社会的な自由についてのことといえるであろう。

ところで、われわれはこうして二つの自由を区別したのではあるけれども、そしてわれわれはややもすれば後者の自由を強調するあまりに、前者の自由を軽視しがちであるけれども、しかし本来からいえば、二つの自由の区別はあくまでも考察の便宜上のことであって、なにもそのような二つ別々の自由があるわけではない。一つの自由の二つの側面というにすぎないのである。だから、この二つの側面を同時にあわせ考えるのでなければ、自由の考察は片手おちとなってしまう。

自由はたんに不自由でないというだけの「解放の自由」ではなくて、より高き自由をめざす「規律の自由」でなくてはならない。そのとおりである。しかしこの場合、われわれは「解放の自由」と「規律の自由」とを別々に切り離して考えてはならないのである。解放といい規律というのは、互いに他を予想して相対的にいわれることなので、それを二つ切り離して、一方では絶対的な解放の自由、また一方では全面的な規律の自由を語ろうとしても、これはまったくの空論というほかはない。絶対的な解放とは、ある行動がなんの必然性もなくて、まったく偶発的であることになろうが、そのようなことは現実にはまずありえないし、かりにそれに近いものがあるとしても、それはむしろ無意味な行動とよばれるのであって、そのようなものは、はじめから自由とよびはしないのである。はきちがえた自由と非難される放縦にしても、それがともかく自由の名でよばれるかぎりは、かならずなんらかの程度の規律をともなっている。自由は規律をともなわねばならぬというのではなく、自由とよぶ以上は、はじめから、じつは規律をともなっているということができる。

といって、しかし、自由における規律をあまり強調して、全面的な規律の自由というようなものを説こうとするならば、これまた問題である。なぜならば、規律はともかくなんらかの意味で人を制約し拘束するもの、つまり一種の不自由にちがいない。とすれば、全面的に規律ある自由とは、すっかり縛られて、まったく動きのとれぬ不自由ということになってしまう。自由は不自由からの解放であったはずなのに、なんのことはない、じつは新しい不自由を迎えたにすぎず、自由とは二つの不自由をつなぐ渡り廊下でしかないことになる。規律ある自由とは、いうまでもないが、そのような自由をさすのではない。自由にとって規律が不可欠のものであったように、思いのままにできる解放もまた不可欠のものである。規律ある自由ととくにことわるのは、そのような解放をみとめたうえで、しかしそれを野放しにしないで規制することをいうのである。規律をともなわぬ自由がないように、解放をともなわぬ自由も考えられない。

このようにみるとき、自由は解放と規律という相対立し相反発しあう両極を同時にその側面として包みながら、両者のより高い調和と均衡とをたえずめざしているといえる。さきにさまざまにいいかえてみた二つの自由も、じつはもともと一つの自由の、その二つの側面ということになるのである。

ところで、自由がより高次のものになればなるほど、それだけ解放もより広汎になるが、それだけ規律もまた厳格になる。せっかくの自由が重荷になって、自由とはけっこう窮屈で不自由なものだと嘆かれることが多いのも、より厳格になりまさる規律の側面にだけとくに着目するからのことである。なまじ身分にしばられてめったなことができない——などというのもそれで、じつはその身分のおかげで一方では多くの解放を享受しているのであるが、その面はすっかり見おとされて、規律の面だけが注目されるのである。いったいに、「他人の花は赤い」といわれるように、自分の自由についてはきゅうくつな規律の面ばかりが目につき、他人の自由についてはのびやかな解放の面ばかりが目につくものである。自由が重荷になって自由から逃亡したくなるとき、もしも原始人の自由とか鳥獣の自由とかがあこがれられるとすれば、それはあきらかな見当違いである。原始人や鳥獣にあって、なるほど彼らをしばっている規律も少ないかわりには、彼らにゆるされている解放も少ないのである。

「己の欲するところに従って矩をこえず」——孔子の有名なこのことばを、われわれは解放と規律との高き調和、理想的な自由のありようと解することができるであろう。だが、これは孔子にして七十歳ではじめて達しえた境地である。われわれはたえずより自由になりたいとねがっている。しかし「己の欲する」ままになる解放を期待するときには、ちょうどその解放に相当するだけの「矩をこえない」規律を覚悟しなくてはならない。

自由論の展開　ここまでたどってきて、われわれはつぎに自由の主体を、いったい自由とは何についていわれることなのかを問わねばならない。これについて、行為・選択・意志の三者がしばしば自由の主体としてとりあげられ、しかもこの最後の意志をめぐる自由が「自由意志論」としてもっとも問題となっている。

われわれはこの三つの自由の主体を、さきにとりあげた自由の二面——解放と規律をむすぶ軸のうえに、この順序にならべることができるように思う。すなわち、第一の「行為の自由」はいちじるしく解放的な自由である。ここでは、ある行為に外からの物理的・生理的・心理的なじゃまがはいらないという、障害からの解放がもっぱら問われるのである。これにたいして第二の「選択の自由」では事情はもうすこし複雑で、ここでは解放と規律のバランスが問題となる。二つの等しい乾草の束の中間にたつロバは、両方から等しい強さでひかれるために、かえってそのどちらをも選ぶことができず、乾草の束を前にして餓死してしまう——「ブリダヌスのロバ」とよばれる有名なたとえ話にしても、ここではたんなる解放の自由ではなくて解放と対になる規律との関係が問われるのである。さらに第三の「意志の自由」となると、ここでは人間をして人間たらしめるもの、自然のありようと人間のありようを根本的に区別するものとして人格の意志について自由が問われるのであって、ここで問われるのはいちじるしく規律的な自由である。

さて、自由論の活潑な展開といえば何といっても西洋が舞台であるが、その西洋にあっても、とくに自由が大問題となるのは中世からのことである。そしてその中世においてはじめて、自由は「意志の自由」としてとりあげられた。ということはつまり、自由はその規律としての面に注目せられたとき、はじめて大問題となったといってもいい。それよりさき古代にあっても、自由論がまったくなかったわけではないが、たとえばアリストテレスの扱っている自由にしても、それはせいぜいが「選択の自由」の程度であった。

ところで、中世において「意志の自由」がとりあげられたのは、キリスト教の神とのかかわりにおいてであった。すなわち、自由意志はもともとは神のものであり、神は万物を創造するにあたって、人間だけに特別の恩寵としてそれを与えた。しかるに人間は原祖アダムとイヴからして、与えられた意志の自由を逆用することによって神に叛いた。かくして人間の意志は罪ある自由意志となり、しかもその罪は神によって救済されるほかはない。なぜならば、意志そのものがもともと神によって与えられ、神によって決定せられているものであるから。……アウグスティヌスによって確立され、中世の伝統となったこのような自由論は、神から離れる誤まった自由と、神へと向かう正しい自由との関係について、いわば循環論証ともいうべき解明をしているといえる。だがこれによって、まず第一には、人間と自然のありかたが自由意志（それがよしんば罪ある自由意志にしても）を境界としてはっきり区別されることになったのであり、さらに第二には、自由がたんなる解放の自由としてではなく（それは誤った自由である）、規律の自由として大きくとりあげられることになったのである。

近代においてますますさかんとなる自由論は、このような基礎のうえに展開せられた。ただこのばあい、中世の自由がしょせんは神の被造物としての人間の自由であったのにたいして、近代の自由は、神という媒介をぬきにして、端的に自然にたいする人間の自由としてうちだされたのである。そのような近代自由論の一つの結実を、われわれはカントにおいて求めることができる。

カントにあって、「自由」とはすなわち「自律」にほかならない。彼の説いたのは「自律する自由」である。ところで、自律とは文字どおり自己規律であり、自己の内において本来の自己が現実の自己を規律することである。彼によれば、道徳というものがたとえば神のおきて・世のさだめというような形で、自己の外にあらかじめすでにあるのではなくて、あくまでも自己の内にあって、そのつど新たに本来の自己にめざめるのが道徳ということなのである。だから道徳の根拠は、ほかでもないわれ自らの「人格」の尊厳に求めなくてはならない。ところで、人格が尊厳であるとせられるのは、それが物体のようにすでに与えられた法則（自然法則）にただ後から服従しているだけではなくて、自分からすすんで法則（道徳法則）を自分の前に樹立する能力をもっているからである。「意志」とはまさにこの能力、道徳法則を自ら定め・自ら課し・自ら従う――「自律」の能力をいうにほかならない。カントの「自由」は、まさにこの道徳法則を自律する自由――自分がすべきことを自分できめる自由であるが、それはつまりは自由を自律する自由――自分のしてよいことを自分できめる自由ということでもあり、ここで自分のしてよいこと(自由)と自分のすべきこと(義務)とが、人格の責任において一致するのである。カントが好んでいうように「汝なすべきがゆえになしあたう」のである。自由と規律との関係は、尊厳なる人格をなかだちとして、ほとんど完全に説きつくされているといってよいであろう。

われわれはここで現代の自由にたちもどらねばならない。ところで、われわれが自由の名で今日よんでいるものは、どうやらカントの自由とは、よほど場面のちがった自由のようにみえる。さきにもふれたように、今日の自由は主として社会的な自由であるのに、カントの自由はいちじるしく個人的な自由だからである。たとえば思想の自由といわれるとき、ここではなにも個人のそれぞれが心のなかで考えること自体について問うのではない。そうではなくて、そのように考えたことを社会的に公開することが、その結果とにらみあわせてどの程度まで許されるかを問うのである。とすれば、現代の自由については、カント風の自由をもちだすことは、まったくの場違いというものであろうか。freedom と liberty を使いわけて、現代の自由はもはや freedom の自由ではなく liberty の自由である、といいきるべきであろうか。

自由と人格　カントは自由の主体を「人格」に求めたのであるが、しかし現代の自由とても、その窮極の主体はといえば、それはやはり「人格」をおいてほかに考えられない。われわれは「人格とは何か」をあらためて問わねばならない。人格と日本語に訳された person は、ラテン語の persona に由来している。そしてペルソナはもともと演劇で用いる仮面のことであったが、それがやがて役柄に応じてそれぞれの面をつける劇中の人物をいうようになり、さらに劇をはなれた現実の生活でも、それぞれ役割や性格のちがう人格の意味になったという。

たしかにわれわれは人間として、この人生劇場という舞台で、年齢・性別・身分その他の差別に応じて、それぞれ異なりながらしかし何らかの役割を演じているといえる。このように何らかの役割を演じているというかぎりで、がんぜない幼児をふくめて人間はすべて人格として平等である。しかし、どんな端役にしてもそれを完全に演じることは容易でないように、自己の人格の尊厳を真に自覚し確立することはきわめてむつかしい。その意味からいえば、われわれははじめから人格であるというより、むしろ人格となるべきなのである。

「人格の尊厳」といわれ「人格の平等」といわれるとき、われわれは同じ「人格」について、かなり異なったその二面を指摘できる。そして、人格は尊厳なればこそ平等なのだとも、またはその逆に、平等なればこそ尊厳なのだともいえようけれども、ただそのいずれを強調するかで問題の焦点はかなりずれてくる。人格の「尊厳」を強調するときには、他の人格との関係はひとまず抽象せられ、独立の実体としての人格についてその内面的な構造、また人格のそれ以外のもの（たとえば自然）にたいする優位が説かれる。これにたいして人格の「平等」を強調するときには、人格と人格との関係こそが問われるのであり、ことに特定の社会内にあって、すべての人は身分・階級などの別をこえて対等に扱われるべきことを説くのである。一言でいえば、前者は個人的・道徳的人格であり、後者は社会的・法律的人格である。

前者の人格をとりあげた典型的な例は、すでにみたようにカントであるが、後者のそれはヘーゲルであるといってよい。カントが人格を道徳の担い手としたのにたいして、ヘーゲルは人格を法律の担い手としてとらえている。それはまさに「法律の前ですべての人格は平等である」といわれるときの人格である。もっとも、ヘーゲルは法律を「抽象法」とよんでいる。「法」はヘーゲルによれば自由の客観的実現という広い意味であるが、そして法律はその名からして当然「法」の筆頭にあげられるけれども、しかし法律の自由は、客観的であるが具体的ではないとせられる。したがってまた、その法律の担い手である人格の平等も、抽象的な意味での平等といわねばならない。

ところで、個人と社会、道徳と法律とが互いに不可分の関係にあるように、そして個人と社会とが広義の人間の二面であり、また道徳と法律とが広義の倫理の二面といえるように、人格の「尊厳」と人格の「平等」とは、人格の「自由」としてまとめあげることができよう。われわれはここで、ヘーゲルの『法の哲学』すなわち「自由」実現の問題が、まず客観的だが抽象的たるをまぬがれぬ法律をあげ、つぎに具体的だが主観的たるをまぬがれぬ道徳を対置し、さらにこの対立を止揚して、客観的にしてしかも具体的な人倫へと展開している道程を思い出すことができる。このようにみてくるとき、今日われわれが直面している「自由」はどういうことになるのか。われわれはさきに今日の自由が、いちじるしく社会的な自由であることに注意した。ことに、思想の自由とか学問の自由とか開き直っていうばあいには、それはきまって社会的な自由である。そして、そのような社会的な自由は、それを阻む社会的な統制・拘束・干渉・弾圧にたいして叫ばれるのである。中世の自由が神にたいする自由であり、近代の自由が自然にたいする自由であったとすれば、現代の自由は、社会にたいする自由といってもよいであろう。神と自然と社会とは、それぞれの時代における自由にとって、いわばテコの支点ともいうべき意味をもっていた。ところで現代にあって、自由が社会を支点として論ぜられるというのは、それだけ強力な社会——デュルケムの表現をかりれば「個人の外にあって個人を強いるもの」としての社会が意識されるからであるが、それはまた、社会を構成する個人のひとりびとりが自我の人格にめざめたからのことといわねばならない。社会の権力にたいして「平等なる人格」としての権利を主張するのが現代の自由である、といってよかろうが、そのように人格の平等と権利を主張するには、個人ひとりびとりの「尊厳なる人格」の確立が不可欠な前提となっているのである。人格の平等は、けっして既成の事実なのではない。自分を人格としてみとめさせようというには、まず自分がすでに人格となっているのでなければならぬ。

このような点において、今日のわが国の「自由」は大いに疑問ありとせねばならない。自由、自由とにぎやかなことであるが、それはまるで風にとぶシャボン玉のようにたわいがない。西洋の自由が、幾多の貴い犠牲をこえて、ふむべき段階を一歩ずつ刻みこむ、ながい苦難の歴史のはてにようやくかちとった自由であるのにたいして、わが国の自由は、わずかに明治以後に、西洋の最後の結実をいきなり既成品として輸入したのであり、それはあきらかに「借りものの自由」というほかはない。自由はもともとけっして軽快で洒脱で単純なものではなくて、むしろいたって地味で頑固で煩雑なものと心得るべきである。われわれは外に向かって自由を叫ぶより前に、まずわれわれの内に向かって自由を呼びかけねばならない。人格の確立こそが、自由への道程の第一歩である。

第十四章　人倫への道程

道徳の限界　われわれは道徳をすぐれて個人的な人間のありかたと解して、道徳をめぐる諸問題をたどってみたのであるが、すでに道徳の問題が「個人」のみにとどまってはけっして理解しえないことを知った。もちろん、「個人」といったのは「社会」をじゅうぶんに予想したうえでの「個人」なのであるから、道徳の問題を扱うにあたって「社会」が登場することは、べつだん矛盾というわけではない。しかし、われわれは道徳の諸問題を深く追求すればするほど、それらの問題をじゅうぶんに解決するためには、もはや「個人」の枠のうちにとどまることを許されないと知ったのである。

たとえば幸福説や完全説をとりあげても、個人の幸福・完全とならんで社会の幸福・完全を考えざるをえなかった。さらに自己というような、とくに個人の内面にかかわる問題にしても、それはまったく社会への顧慮から独立したものとしては考えられない。

ここにわれわれは個人に対立する社会を大きくとりあげねばならない。道徳哲学にあっても社会がまったくとりあげられなかったのではないが、それどころではなく、あらゆる道徳哲学の問題が社会をとりあげざるをえなかったのであるが、しかし、このばあいの社会はやはり個人的契機にたってみられた社会なのであった。個人との連関における社会であり、個人の岸からみられた社会なのであった。

われわれは社会という視点から、倫理——人間のありかたを眺めてみようと思う。だからこそでは社会は、道徳哲学においてのように、個人の岸からみられた向う岸のものではない。社会はそれ自体においてとらえられるのである。もっともそうはいっても、個人・社会は人間存在という同一なるものの異なった契機にすぎないから、それ自体における社会が扱われるといっても、しょせんそれは個人とまったく無縁ではありえない。しかし、こんどは個人のほうが、社会との連関においてむしろ向う岸に据えられるわけである。

たしかに倫理とは人間のありかたの全体なのであり、それを道徳という個人的なありかたのみから理解しようとしても不可能である。倫理学すなわち道徳哲学という在来のありかたでは、倫理の理解はおぼつかないといわねばならぬ。

社会　社会という言葉は日常用語として不用意に使われることが多いが、こうした不用意な用例にあってすでにいくつかの異なった意味を示している。むかし学校の卒業式の祝辞には「学校を出て実社会に入る」というきまり文句があった。生馬の目を抜く物騒な世間に出るのだから、今までのつもりで油断してはならぬというのである。それにすぐつづいて、「社会国家のために尽さねばならぬ」というきまり文句で祝辞は結ばれる。「社会」の意味はそこでもう変っているのである。

日常用語の「社会」は、社会集団・社会機能・社会制度などを区別しない。しかし学術用語としても、これらの区別はじゅうぶんに明確であるとはいえない。思えば社会にたいする人間の関心は古いが、それが学の対象として明確にとらえられたのはごく新しいというべきである。コントの社会学 Sociologie の命名いらい、いまだ百年とたっていない。

社会という言葉を人間結合——結びつきの関係、結びついてできた集団の両方の意味を含めて——という広い意味にとれば、家庭・学校・会社・組合・クラブ・教会・都市・国家・民族・人類にいたるまですべて社会である。結合の意味をゆるやかに解すれば、複数の人間のあるところつねに社会があることになる。

しかし、複数の人間がそのままに人間の社会といえないことは、たとえば火事場の弥次馬を考えてもわかる。弥次馬のひとりびとりを火事見物という共通の関心がひき留めているわけだが、しかし、その関心はひとりびとりを結びつけているわけではない。弥次馬は群衆であって社会ではない。しかるにこの同じ弥次馬が火事を消そうということに気を合わしたならば、群衆はとたんに社会になる。もっともそれは火事が消えたら解散する一時的な社会でもあるけれども——。

さて、社会とは何かという厳密な分析はともかくとして、われわれがすでに社会として認めているものから問題を出発しても、これら社会といわれるものはけっして一色ではない。このことについて、テンニィスの『共同社会と利益社会』(1887)をとり上げてみよう。——人間意志の相互作用は肯定的にまた否定的に働く。肯定的に働くときに人間は社会を形成するわけであるが、社会関係また社会結合は二つの面からとらえられる。一は実在的にして有機的なる生活reales u. organisches Lebenとして、一は理念的にして機制的なる形成ideelle u. mechanische Bildungとしてである。前者が共同社会(共同体)Gemeinschaftの本質であり、後者が利益社会(利益体)Gesellschaftの概念である。

共同社会は人間の本質意志Wesenwilleにもとづいたかけがえのない社会である。人は生まれながらにしてそのなかにいる。家族が、その最も典型的なものといえる。共同社会は家族を出発点として、三つの「チ」の共同体——血の共同体(血族)・地の共同体(近隣)・知の共同体(友人)へと展開する。そのいずれにあっても、共同社会は言語Spracheにもとづく了解の上に成り立っている。

利益社会はこれにたいして、人間の選択意志Küriwilleによってつくられた社会である。営利を目的としてつくられる会社が、その最も代表的なものといえる。「市民社会」bürgerliche

Gesellschaft とは、まさにこの種の社会の総称である。利益社会は金銭 Geld にもとづく契約の上に成り立っている。

テンニィスがこのように社会を二種類に区別したことは、不用意なる日常用語を修正するものとして大いに役立つといえる。たしかにさきにあげた例にしても、「実社会の悪に染まるな」の「社会」は利益社会の意味なのであり、「社会国家のために尽せ」の「社会」は共同社会の意味なのである。しかし、このような混同は無理からぬことともいえる。なぜならば現実において、その悪に染まってならぬ社会とそのために尽さねばならぬ社会とは、けっして二つ別々のものではない。一つの社会の異なった二つの面にすぎないからである。共同社会と利益社会との区別は、たとえば甲の社会は共同社会で乙の社会は利益社会というように、われわれが社会とよぶさまざまな人間結合を二つに分類できるというのではなく、むしろ同一なる人間結合に**ついて相反した二つの側面を分析できるということである。**

その意味では、例えばマクアイヴァー Robert Morrison MacIver (1882～1970) の community (生活共同体)と association (社会結合体)の区別などの方が、より動的である。小は家族から大は人類にいたるあらゆる人間の社会は、つねにこの二つの側面をもっている。前者はその社会を総合的・実体的に社会そのものとしてとらえた場合であり、後者はその社会を分析的・機能的に社会のはたらきとしてとらえた場合である。

しかし、いずれにしても、異なった社会を二種に分類するにしても、また同じ社会に二面を分析するにしても、ともかくそれは人間の社会が一律のものでないからのことである。人間の社会が一律でないことは、原始社会にさかのぼっても指摘できる。かつて原始社会は一色の社会とせられ、トーテム・氏族・制度・慣習というような全体的契機がすべてで、個々人の個別的意志などは存しないかのように考えられたことがあったが、これは明らかに誤まっている。原始社会といえども、人間の社会であるかぎり、やはり全体と個別との対立をまぬがれえない。

しかしこの対立は、原始社会にあっては、いまだ素朴である。この対立が深刻なものとなったとき、人ははじめて個人に対しての社会に大きく注目するのである。ヨーロッパの十九世紀後半が社会学の誕生期であることは、この時期にいたってヨーロッパが、個人と社会との対立をはじめて深刻に自覚させられたことを示している。

個人と社会との深刻な対立は、倫理学的には、道徳と法律との対立である。すでにいったように道徳と法律とはかつて習俗のなかで一つであった。習俗のなかで、個人と社会とは素朴な調和をみせている。ところが歴史を通じて、両契機はそれぞれを意識するとともに、その対立を深めてゆく。かくして道徳と法律とが、深刻な対立にもたらされるのである。

法律と道徳　習俗という一つのもののなかから道徳と法律が派生しそれぞれ独自の分野を

開拓していった過程は、個人と社会とが歴史を通じてそれぞれを意識していく過程と応じている。そのことは、すでにみたとおりである。そしてわれわれは道徳をとくに個人的な人間のありかたと解し、それとならんで法律をとくに社会的な人間のありかたと解する。

そのように解したうえで、常識でわれわれが法律とよんでいるもの、法律と道徳との違いと考えられているものにたち帰ろう。常識に従えば法律とは、社会がとくに国家が、その社会生活の健全なる維持のために個人に命じているまたは禁じている規範である。ただそれだけならば、この規定はそのまま道徳にもあてはまる。両者の違いは、法律の規範が最小限の必要条件であるという点である。法律が「すべし」と命じ「すべからず」と禁ずることだけは、これは何をおいても守らねばならぬことである。しかしこれを守りさえすれば人間としてそれでじゅうぶんというのではない。ここからさきが道徳の領分である。道徳の規範は法律のそれが必要条件にとどまるのにたいして、人間のあり方としての充分条件を要求する。法律的には罪にはならないが、道徳的には責められることがいくらもある。

いなむしろ、法律的には責任を問われないがゆえに、それだけにかえって道徳的にはきびしく責任を問われるという場合がある。いわゆる脱法行為が違法行為よりもかえって憎まれるのもこのゆえにである。誤まって法を犯したことは時としては同情に値することすらあるが、法の限界を知っていてその限界すれすれのところで法に触れないですます行為は憎むべきである。

また背徳行為が合法行為であること、または法律がまったく干渉しようとせぬ行為であることがある。法律にも背き道徳にも背くという行為のほうが時として怨すべきであって、ぬけぬけと法律には触れないでしかも道徳に背く行為が最も憎まれる。

この逆の場合はどうであろう。つまり、法律には触れるが、道徳には背かないという場合である。極端にいえば、道徳的たらんがためには法律を犯さざるを得ないという場合である。このような場合は例外であってほしい。しかし残念なことに、われわれはこれらの事例にもしばしば出会わざるをえないのである。たしかに本来からいえばこれは例外であるはずなのだが、例外というにはあまりにもしばしばこのような事例にぶつかる。「悪法といえども法である」といったソクラテスの嘆きは、法に忠誠を守ろうとする人々のいつの世にも変らない嘆きである。

だがそれはそれとして根本的には、法律の要求するものは、国家・社会の全体意志が何人にも、その国家・社会の一員であるかぎり、これだけは絶対に許さぬという最小限の規定であって、イェリネク G. Jellineck (1851〜1911) のいうように倫理的最小限 ethische Minimum である。これさえ守ればよいというのではなく、これだけは守らねばならぬ規定なのである。

ところで、この最小限の限界をどこに定めるかということは、すなわち法秩序の内容は、理論的にも実践的にも国家目的として理解されているものと関わっているので、その国家目的の内容に従って、その限界は劃一的には決め難い。さらにこの問題をじゅうぶんに理解するためには、国家とは何かにまでさかのぼらねばならぬ。ここでは国家目的についてのあい反する二つの見解のみを指摘しておこう。

一方はいわゆる国家契約説の立場であって、国家とはしょせん個人の幸福を基調としてそれを完全に保持しようとする契約のうえに成り立つのであるから、国家の法秩序は個人の生命財産の保護以上に出るべきではないという主張である。これにたいして一方はいわゆる国家至上説の立場であって、個人は国家あっての個人であり、国家が必要とするならば個人は自己をあえて犠牲にせねばならぬとするのであるから、国家の定める法は個人にとって絶対であり、あらゆる無理を押しても守らねばならぬという主張である。このように極端な場合については、イェリネクのいわゆる最小規定も、はなはだ大幅に浮動せざるをえず、後者の場合などはむしろ最大規定とすらいうべきであろう。

なおここで法律の義務と権利との関係について、一言ふれておきたいと思う。すなわち、各個は法的義務を守ることを通じて、はじめて法的権利を得るという関係である。法律は社会秩序の最小規定であるから、これが各個によって守られてはじめて社会秩序は維持せられ、各個の法的権利が保証せられることとなる。だから各個についていえば、自分の権利は自分の義務を通じて獲得せねばならない。法律とは、カントのいったように、個人の自由とあらゆる他者の自由とがそのなかで一致するような普遍的理性法則なのである。

人倫への道程　われわれはさらに、道徳と法律との対立を止揚した人倫の問題に移らねばならない。そしてこれこそは、現代に託せられた倫理学の崇高なる課題である。現代の救い難いこの混乱のなかにあって、人々はどこに赴かんとするのであろう。思えば、かつて存していたあらゆる権威は、今日にあってもろくもその権威を喪失している。人々は何によるべを求めればよいのであろう。

現代の状況はすでにふれたように、世界史の古代末期――あのヘレニズム時代に似ているものがある。古典ギリシアは、美しい統一をもったポリスと生き生きとしたポリテースとの関係を中枢としていた。ヘレニズム時代にいたると、ポリスの美しい全体的統一は崩れ、若々しかったポリテースたちは、焦点のない茫漠たるひろがりにすぎぬヘレニズム世界に、コスモポリテースとして投げ出された。人々は心身ともによるべなき子となったのである。このとき哲学は「生活の智恵」となり、哲学者は「霊魂の医者」となって、ヘレニズム時代はいちじるしく「倫理的な時代」となったのであった。

このようなヘレニズム時代の特徴は、またわれわれが生きるこの現代の特徴ではないか。あえて多くを語る必要もなく、今日の世界は焦点を失い、人々の心はよるべを失っている。ところで倫理学が迷える人々に行手を示してやるといっても、それはけっしてこれまでの意味ではなく、まったく新しい意味からでなければならない。なぜならば人々はすでに、道徳のお説教には食傷しているからである。よしんばまた人々がそれをきいてくれるにしても、個人の内面のみを強調する「道徳」では、すでにもうまにあわないことは明らかである。

「社会的動物」という人間の定義は今さらのものではないが、現代におけるほどこの意味のなまなましいことはあるまい。そのくせ現代ほど、この意味の不安定なこともない。——社会を構成する個人の数を最小なるものから最大のものまでたどることについて、われわれはジンメル Georg Simmel (1858~1918) のいわゆる「二人結合」から全人類にいたるまでの、あらゆる人間の社会を想定することができる。こうした人間社会の系譜にあってとくに重要なものは、ヘーゲルをはじめ多くの人々によって注目せられた(1)家族(2)市民社会(3)国家の三者であろう。すでにみたように、ヘーゲルにあってこの三者は人倫 Sittlichkeit の弁証法的発展になぞらえられた。

家族と市民社会とは、人間社会の異なった二つの面——すでにみたテンニィスの用語をかりれば共同社会的な面と利益社会的な面とを、それぞれに代表する。そして国家とはこのあい反した二つの面を同時に包みながら、しかも高次の調和を保つべきものである。

家族によって代表せられる共同社会は、人間が生まれ落ちるとともにそこに自己を見出す社会である。人は一生を通じて、いくらもがいてもこの社会から逃れるわけにはゆかない。このような家族の性格が、時代・民族の異なるにつれて、少しずつ変容していることはいうまでもないが、しかしたとえば未開社会の家族と文明社会のそれとを、まったく別物であるかのように考えるのは明らかに誤まりである。多少の変容はあるにしても家族の構造は、父と母と子との関係に要約せられる。婚姻を通じてその二人結合を社会的に承認せられた夫婦が、二人の間に生まれた子供を媒介として夫婦であると同時に父母であるという関係——これが家族の基本的な構造である。家族は血と地と知(三つの「チ」)の共同のうえに成り立っている。このそれぞれをとくに強調するものが血縁共同体・地縁共同体・文化共同体である。血縁共同体の最も典型的なものは氏族、地縁共同体のそれは村落、文化共同体は都市においてとらえることができよう。そのいずれもその基本的性格は家族に負うものである。そしてこれら三者は民族において完結する。

次に市民社会——さかのぼればロックやルソーなどによって用いられ、ヘーゲルを経てマルクス主義でもてはやされる概念であるが——によって代表せられる利益社会は、人々が個人的な利益の追求を目的として、契約によってつくりあげる社会である。手近な例としては組合や会社がそれである。こうした性格の社会がとくに注目されたのは、十八世紀以降のことであった。それまでは社会とはすなわち国家なので、国家以外の社会はとくに考えられなかったのである。「市民社会」の概念を導入することによって、社会はまったく新しく見直された。というよりも、そのような新しい概念を導入せねばすまないほどに、十八世紀以降のヨーロッパは個人と社会との対立を自覚せねばならなかったのである。原始社会といえども共同社会的な面もあれば利益社会的な面もある。しかし、この両面の対立矛盾は原始社会にあってはほとんど自覚せられない。この対立を深刻に自覚したとき、市民社会の概念は生まれたのである。

ところで以上のような社会の二側面の対立矛盾は、倫理学的な意味でいえば、すなわち道徳と法律との対立矛盾である。そしてこの対立矛盾は、人倫のなかにおいて発展的に解消せねばならない。かくして、共同社会と利益社会とが国家のうちに統合せられる意味において、国家こそはまさに人倫完成の場でなければならぬ。国家とは、あらゆる人間存在がそこに収斂するところのものである。ヘーゲルは国家をほぼそのように解したのであった。

ところで、現代の状況において、われわれは現実の国家をそのようなものとして、はたして把握できるであろうか。国家がまさしくそのようなものであるならば、個人と社会との対立、道徳と法律との矛盾というようなわれわれの嘆きも、国家のなかですべて解消されるであろう。しかし、それは理想であって必ずしも現実ではない。

二十世紀の世界は、あらゆる人間社会の境界をとり払っている。最も尊厳であった国家の境界とても、もはやかつての尊厳はない。国家は世界国家をめざしながら、しかも容易にこれを実現することができずにゆき悩んでいる。個人は多数のそして異質の社会に同時に属しながら、そのどれ一つにも決定的な安息の場所を見出しえない。個人的契機をその限界まで自覚しつくした個々の人格と、社会的契機をその限界まで自覚しつくした「一つの世界」の全人類と――この二つの極の間にたって、人間はどこに赴くべきであろうか。それを解明することこそ、二十世紀に課せられた最も崇高なる学問的課題でなければならぬ。

索　　引

[数字は頁数，数字のあとの *f.* はその項の記載が次頁まで，*ff.* は数頁以上にわたることを示す.]

〔人　　名〕

〔事　項〕

著者略歴
1921年　福島県に生れる.
1943年　東京帝国大学文学部倫理学科卒業.
1966年　東京大学教授（教養学部）.
現　在　東京大学名誉教授.

主要著書
「習俗―倫理の基底」（1961年，筑摩書房）
「倫理学的散歩」（1970年，東京大学出版会）

倫理学

1960年11月30日　初　版
2007年3月2日　第51刷

[検印廃止]

著　者　佐藤俊夫《さとうとしお》

発行所　財団法人　東京大学出版会
代表者　岡本和夫
113-8654　東京都文京区本郷7-3-1
電話 03-3811-8814・振替 00160-6-59964

印刷所　研究社印刷株式会社
製本所　矢嶋製本株式会社

ISBN 978-4-13-012010-4　Printed in Japan

本書はデジタル印刷機を採用しており、品質の経年変化についての充分なデータはありません。そのため高湿下で強い圧力を加えた場合など、色材の癒着・剥落・磨耗等の品質変化の可能性もあります。

倫理学 新版

2017年8月9日　　発行　④

著　者　　佐藤俊夫

発行所　　一般財団法人　東京大学出版会
代 表 者　吉見俊哉
〒153-0041
東京都目黒区駒場4-5-29
TEL03-6407-1069　FAX03-6407-1991
URL　http://www.utp.or.jp/
印刷・製本　大日本印刷株式会社
URL　http://www.dnp.co.jp/

ISBN978-4-13-009083-4
Printed in Japan